GESCHICHTE DES GELDES

全球货币进化史

[德] 亨利·维尔纳（Henry Werner） 著　丁树玺 译

世界图书出版公司
北京·广州·上海·西安

图书在版编目（CIP）数据

全球货币进化史 /（德）亨利·维尔纳著；丁树玺译. — 北京：世界图书出版有限公司北京分公司, 2020.12
ISBN 978-7-5192-7838-0

Ⅰ.①全… Ⅱ.①亨…②丁… Ⅲ.①货币史-世界 Ⅳ.①F821.9

中国版本图书馆CIP数据核字(2020)第163373号

© Palmedia Publishing Services GmbH. Berlin 2015

The simplified Chinese translation rights arranged through Rightol Media（本书中文简体版权经由锐拓传媒取得Email:copyright@rightol.com）

书　　名	全球货币进化史	
	QUANQIU HUOBI JINHUA SHI	
著　　者	［德］亨利·维尔纳	
译　　者	丁树玺	
责任编辑	尹天怡　董亚	
特约编辑	张亚南　李一鸣	
出版发行	世界图书出版有限公司北京分公司	
地　　址	北京市东城区朝内大街137号	
邮　　编	100010	
电　　话	010-64038355（发行）　64037380（客服）　64033507（总编室）	
网　　址	http://www.wpcbj.com.cn	
邮　　箱	wpcbjst@vip.163.com	
销　　售	各地新华书店	
印　　刷	北京九天鸿程印刷有限责任公司	
开　　本	787 mm×1092 mm　1/16	
印　　张	16	
字　　数	211千字	
版　　次	2020年12月第1版	
印　　次	2020年12月第1次印刷	
版权登记	01-2020-5500	
国际书号	ISBN 978-7-5192-7838-0	
定　　价	108.00元	

如有质量或印装问题，请拨打售后服务电话 010-82838515

目录

1 序言

5 货币的起源

    6   什么是金钱？

    8   从交换到交易

    11   价格的出现

    15   向上帝借款

    18   第一批硬币

    19   如克罗伊斯般富有

27 经典的古代货币

    28   古希腊货币

    30   梭伦改革

    32   经济复苏时代

    34   来自雅典的猫头鹰

37	对货币的第一次疑惑
39	金钱是身份的象征
42	罗马人的硬币体系
45	第纳尔：通用货币
48	财富创造权力
49	发展的极限
54	世界货币的崩塌
56	重回自然经济
61	野蛮人入侵
63	被遗忘的货币
65	对财宝的渴望

69　中世纪货币

70	僵化货币系统的继承
71	狂妄的提乌德贝尔特
73	查理大帝的货币体系
78	教会：国中之国
79	教会与国王 vs 贵族和商人
82	新兴城市
84	哥特艺术：文化与经济的动力源

- 86 汉萨同盟：世界贸易的蓝图
- 90 十字军、圣殿骑士团和第一家银行
- 97 意大利银行的崛起
- 99 法国的救世主

103 从文艺复兴到启蒙运动时期的货币体系

- 104 美第奇家族的崛起
- 107 "朕即国家"
- 110 重商主义和保护主义
- 115 来自新世界的银币
- 119 荷兰：贸易世界的新兴力量
- 122 现代货币的发明者
- 125 密西西比泡沫
- 129 纸币的成功之路

133 从国家货币到欧元

- 135 美元
- 161 英镑
- 173 马克

200 日元

214 欧元

229 未来的货币

230 未来模式——信用卡

231 一切的开端：商务餐

234 信用卡成为身份的象征

235 我的卡片，我支持的足球俱乐部

237 无界限的资金流

240 重归本原

序　言

　　一段关于货币的文化史？这听起来有些矛盾。难道金钱不比其他任何物品更能代表经济世界的冷酷与无情？难道不是金钱将人划分为穷人和富人的同时撕裂了紧密联系的社会结构网络，制造了不公正，腐化了人类并导致犯罪和战争的吗？

　　俗话说金钱统治世界，这往往带有贬义色彩。我们都很重视钱包里的零钱和银行账户里的存款，但更重要的是，金钱让我们感到害怕。当我们面对金钱亏损的威胁时，它带给我们一个个的不眠之夜；而当大量的金钱与资本的累积创造出强大的、无法被控制的社会力量时，它又让我们充满愤怒。关于金钱统治世界，只有那些能从中获利的财权代理人才能看到它积极的一面。历史上的各种文本、绘画和歌曲中，那些被描绘成冷漠、没有道德的金钱追求者们，谁又会喜欢他们那追捧金钱的嘴脸？

　　对金钱的这种看法完全源自我们社会的发展离不开货币这一现实。然而人们只需剥离其社会核心，就能看到金钱温暖的另一面。

　　难道大多数人都不记得自己从父母或是祖父母那里拿到的第一笔零花钱了

吗？忘记了自己领到第一份工资时的幸福感？难道人们都忘了自己在货币改革之后欣喜地接受新货币的场景？忘了那些通过巧妙的交易或彩票中奖而大赚一笔后与朋友和家人分享的喜悦？忘了那些资助贫困人士的慈善事业？很显然，货币不仅影响着我们的理性思维，也影响着我们的感性情绪。

当人们更仔细地审视"文化"（Kultur，德语）这一概念时，货币与文化之间的可协调性就变得更加清晰。虽然人们倾向于把文化等同于"高级文化"（Hochkultur），即音乐、美术或文学，但是拉丁语中的"cultura"指的是人类的耕作行为和对自然的改进，农业领域的成就与进步影响了这一概念。文化实际上是比"艺术"（Kunst）更接近"文明"（Zivilisation）的一个概念。

从这个角度就能更明显地看出货币在文化中所扮演的重要角色。货币通过经济与贸易带来进步，又反过来改变两者在社会中的运作方式。货币凭借其经济创造力在各个历史阶段起到了创造并推广文化的作用，并让技术创新和劳动分工成为可能。这种发展不仅是指技术层面的经济发展，因为如果没有货币，贸易本身就无法存在。它还是一种互动手段，因为衣物、食品等日常商品的生产和销售都是由陌生人完成的。消费者购买商品，能够体现出对生产者的认可，在此过程中，消费者需要与卖家直接接触。这创造了一种基本的社会信任。事实上，货币不仅是经济发展的驱动力，更明显的是，它还是复杂社会中的一种黏合剂。

本书所关注的正是货币的这种社会创造力。它将向读者们展示人类生活的现代化进程，以及货币在各个历史阶段中的存在形式及其功能的发展方向。本书的主题——货币的文化史，将描绘这一系列的发展线索：从货币的早期形式（以贝壳、牲畜和工具作为货币）到第一批硬币和纸币的使用，再到国际银行系统的出现。本书还会讲到社会信任感是如何在经济危机、恶性通货膨胀或货币危机中受到侵蚀的。

序 言

以纺织物换钱：1412年左右，法国袖珍画中的典型贸易场景。

货币的发展还远未结束。硬币与纸币的存在形式正逐渐被淘汰。现如今，简单的信用卡操作或是电脑鼠标的点击就能实现资金的流动。这一切正在无形化，人们的购买行为也变得越来越没有人情味。其结果就是，生产者、贸易商和消费者之间的关系变得更加疏远。我们可以隐约猜到这样的发展会给货币——当然还有我们的社会——带来怎样的影响。本书对此持谨慎的态度。然而，当我们回顾货币的文化史时，可以毫无疑问地得出以下结论：任何事物的发展都会给我们的社会和文化留下属于它的印记。

货币的起源

什么是金钱？
从交换到交易
价格的出现
向上帝借款
第一批硬币
如克罗伊斯般富有

早在4000多年前，苏美尔人就发展出一种以货币为计算单位的高级文化。著名的乌尔标准（Standarte von Ur）是在美索不达米亚平原（位于今天的伊拉克）发现的陪葬品，展示了当时的农业和畜牧业，年代约在公元前2500年。

什么是金钱？

我们想象一下，今天的世界如果没有货币会是什么样子呢？这个问题并不是要引出一次头脑风暴。因为在今天如此复杂的社会——甚至回到20世纪或19世纪——没有货币是可以想象的吗？完全不能。

然而，也许正因如此，我们的社会几乎没有一件物品像金钱这般充满了矛盾、禁忌和情感。尽管人们普遍都说金钱这并不能让他们感到开心，但大多数人仍希望尽可能多地拥有金钱。一方面，广告暗示我们，只有购买广告中的商品，比如跑车、香水或运动鞋，我们才不会有幸福感缺失的感觉。另一方面，身无分文的社会族群的形象又唤醒了我们内心的一种纯洁与和谐的感觉。然而，难道不正是金钱推动了我们个人和社会的进步并带来了个人的成功吗？从交换向交易的转变，难道不是社会繁荣的基石之一吗？

对金钱的忧虑带来了一个个不眠之夜和对生活的恐惧。在各种私人话题中，关于薪水高低的话题总会带来沉默。有时，对金钱的贪婪会让人堕落成小偷、银行抢劫犯或绑架犯。正是这种矛盾的迷恋让我们困惑于赚钱的方式以及财富究竟在何处。对于经济学家来说，货币是一种被创造出来履行某些重要经济职能的工具。因此，经济史学家的共同解释是：货币之所以会产生，是因为人们对其功能有需求，它让社会形态由以物易物转变为以经济贸易驱动。

传统的自给自足模式：这幅图描绘了公元前25000年克罗马农人狩猎猛犸象的场景。

在过去几十年里，社会学家和历史学家根据这个直截了当的陈述一直在思考：历史上，货币在最初出现时都不属于经济学范畴，通常并未马上具有支付、保值和计价功能。在大多数情况下，它主要起社交作用，也服务于文化和宗教信仰。出色的贸易可用性只是货币的特性之一——尽管这是其核心特性，且所占的比重也是与日俱增的。

因此，如果你想了解货币的起源，就必须了解其中经济、政治和宗教之间的相互作用。

货币的功能

从经济学的角度来看，货币是一种交换媒介。有了它，人们可以随时进行交易，而不必在现场提供商品，或立即提供服务。

此外，货币还是一个计价单位。它让每件商品以及每样服务都有了

> 确定的价格，并具有可比性。
>
> 最后一点，也是非常重要的一点：货币具有保值功能。它保存了商品或服务对应的价值，人们可以以此为基准随时兑换其他商品或服务。
>
> 早期交换媒介：新石器时代的琥珀色马，约公元前2000年。

从交换到交易

在自给自足的传统经济模式中，狩猎、捕鱼和农业活动一直会受到影响。举例来说，如果渔民捕捞的鱼比他们所需的数量多，他们就可以将多余的鱼与农民多余的谷物进行交换。这种交换方式在今天很多社区中仍能见到，它基于一个关键前提：交换双方及他们交换的货物必须位于交换地点，而且彼此必须提供数量完全适当的货物。当在一次交换中双方都不满意时，情况就会变得复杂。这时就需要引入第三种物品。例如，港口的渔民可以将他的货物换成某种第三方物品，再将第三种物品支付给修补自己船帆的缝纫匠。

但每件物品的价格都仅限于本次交换中，谁又能保证它在另一次交换中仍能

美索不达米亚平原位于如今的伊拉克,苏美尔人在此地创造了城市并推动了贸易发展。图为巴格达以南300公里的乌姆·阿卡雷布的挖掘现场。这座城市的建立可以追溯到公元前2700年。

获得理想的二次交换价值呢？在一个没有固定货币的世界中，每件物品、每种服务都被当作易货商品，商品或服务都有特定的交换价值。例如，一卷布料可以交换两袋小麦，或者四只鸡，抑或一桶果子酒，但这并不表示两袋小麦和一桶果子酒拥有相同的价值。因此，在经济学家看来，在货币出现之前的易货经济时期是一段充满了不确定性与不信任感的时期，每个人最佳的处理方法就是尽可能快地将货物掌握在自己手中。

在一个货物交换会遭遇诸多阻碍的环境中，任何形式的经济活动都无法展开，这也损害了人们的利益：因为货物及服务相互之间的交换是更好地分配物资和促进经济繁荣的关键。如果铁匠能为其他人服务，那么将促进整体繁荣。如果渔民拿出一部分收成换取谷物、蔬菜、水果和手工艺品，那么这也会促进经济繁荣。

直到公元前3000年，货物的流通都只能通过交换来实现。但这并不意味着人们只交换了生活必需品。史前人们用斧头和其他武器、罐子及衣物来进行交换。考古研究表明，他们并未使用这些物品，只是为了留存其价值，以便日后进行交换。某种意义而言，斧头也许是最早的货币形式。

是，但又不是。因为无论如何，斧头与衣物都有其自身的使用价值。它们仍旧是一种商品，交换双方的信任感是出于其使用价值，而不是交换价值。与之前的情况类似，这些物品也不适合用来定价。因此，所存储物品的二次交易仍然存在风险。

汉谟拉比统治下的古巴比伦

公元前2000年左右，随着苏美尔帝国的瓦解，来自美索不达米亚平原的闪米特人日益壮大。作为古代重要的东方统治者之一的汉谟拉比国王（公元前1792—前1750年统治古巴比伦），正是来自其中的一支——阿摩利人。由他制定的《汉谟拉比法典》是古巴比伦最完善的法典。他还针对白银货币体系建立了有效的管理部门，以此确保国内更多的商品可以用于交换。古巴比伦由此实现了新的经济及文化繁荣。

《汉谟拉比法典》约公元前1790年颁布，被认为是人类历史上的第一部成文法典。

价格的出现

美索不达米亚平原的苏美尔人是在公元前3000年发展起来的，他们不仅有书面语言和数学，更有解决易物交换价格问题的方法。他们根据各种商品以及服务

苏美尔人时期就已经将黄金视作身份的象征：这条精美项链的制作日期约为公元前2500年。

间的相互关系，为其分配了各自的价格。因此人们在进行任何商品的交换时都能推算出确切且具有可比性的价格。如果一头牛和一头猪之间的价格比是1∶10，而一头猪和一袋谷物之间的价格比也是1∶10，那么交易双方很容易计算出一头牛的价格等同于一百袋谷物的价格。然而，这个定价机制也有缺点，即所有商品的价格都是集中确定的。对商品的高需求、商品间的质量差异、作物歉收后出现的供应短缺都无法体现在价格波动中。

苏美尔人意识到，在常用的交换系统之外，他们还需要一个物品作为计量单位。自此，所有的商品和服务都以黄金、白银来估价。但是，因为当时还没有硬币，人们无法对这些贵金属进行标准化，所以商品的价值都是按照相应的贵金属的质量来计算的。

这种做法一直延续到古巴比伦时代。1塔兰同（Talent，30.24千克）等于60弥那（Minen），1弥那又等于60舍客勒（Schekel，8.4克）。它们在最初都只是质量的计量单位，而对应相同重量的银之后成为货币单位。因此，在硬币系统建立之前，当巴比伦人想要支付货款时，不得不先将银切割成对应重量的大小——这种做法非常不切合实际。

当然，将黄金和白银作为货币单位是一个非常明智的选择，因为此类贵金属——具有不易被腐蚀的自然特性——能够长久地保留价值,人们对它能够产生信任感。人们正是依靠这种信任感来完成货品交易的,其中包括远距离交易,或交易双方在不展示商品的情况下进行交易。不仅如此,黄金和白银还能保存货物的原始价值。

然而,苏美尔人不能独享创造货币的这份荣誉。有充分的证据表明,世界各地都有一些没有任何实际价值的、稀有的、贵重的物品继承了类似于货币的特性。琥珀、乌檀木、羽毛、玉石、贝壳、珍珠和石英都曾在南太平洋地区、非洲和亚洲被当作货币使用。

作为商业发票的古波斯黏土片,上有滚筒密封印记,制作日期约为公元前2900年。

《耶稣将商人赶出圣殿》：伦勃朗（1606年—1669年）作品，约成于1626年。

向上帝借款

黄金与白银很好地发挥了作用,这可能是因为贵金属没有实际的使用价值。当然,黄金与白银的数量表明其所有者具有一定的社会地位。所有这些因素让货币具备了无与伦比的重要价值和存在意义,也最终保证了它的使用功能。这一切不仅是因为黄金和白银具有经济价值和社会价值,还因为有宗教价值。苏美尔人认为,白银代表月亮女神,而黄金则代表太阳女神。到目前为止,这两种材料间的交换比率也由其对应的天体特性所决定:黄金与白银的价值比约为13∶1,因为太阳年的时长约为月球绕地球旋转一周所需时间的13倍。与之前的价格定义相同,金银之间的这种天文比率是固定不变的,且与实际供求关系无关。这种关系在古巴比伦时代建立,并一直延续到公元前10世纪,即亚述人统治巴比伦时期以及埃及人时代。尽管古代文明已经退出了历史舞台,但它依旧没有消失。

值得注意的是,当贵金属成为支付手段后,其市场价格就不再拘泥于原有的固定价值,并且人们不会因此而对其价值失去信心,或是无法接受此类早期货币。举例来说,作为货币的黄金与白银均有其神圣意义,与制作普通金银首饰的材料完全不一样。

这种想法初看有些奇怪,但当我们仔细考量人与上帝之间的关系后就会发现,它也摆脱不了"金钱"二字。从古代的祭祀活动到现代的集体生活,人们不

吕底亚代表团向国王进贡，约公元前5世纪的浮雕。

仅为了实施善举而自掏腰包，更是出于对上帝的承诺以及对教会和基督教社区的责任。

对于苏美尔人而言，支付手段的神圣属性完全扎根于货币体系的设计中。事实上，贵金属从未在市场上流通过。正如上文所述，当时还没有硬币存在。相反，黄金、白银更多地出现在庙宇之中，其圣殿如同日后的市场一般。只有祭司才有权利制定价格并进行结算。他虽以黄金或白银进行结算，但这个数字只是一个纯粹的账面价格。交易商之间并不使用贵金属，而是交换印有滚筒印章的烧制而成的小黏土片，以此来记录交易双方物品的价值是相等的。

在这一过程中，苏美尔货币的宗教性质显露无疑：货币其实并不存在，只有作为货币单位的贵金属才显示着神灵的意志，因此它们需要被安全地保存在寺庙之中。苏美尔商人在交付商品或提供服务后，获得的只是一摞黏土片，而这是神灵对其应获价值的保证。

这种做法一直延续到公元前5世纪的古希腊的黄金时代。与苏美尔人一样，祭司们依旧是交易的见证者。他们需要确定交易价格，监督债务人与债权人有序地进行结算，并按交易总价值的一定比率收取服务费。亚述人和埃及人也习惯性地将无人认领的资产"留在"寺庙中。因此，寺庙实际承担了银行的角色。在古希腊，由于祭司们在贸易中发挥了核心作用，寺庙得以累积大量的财富，百姓则可以直接向它们寻求借贷服务。

国家留存了一部分用于祭祀天神的祭品，雅典第一位税务官的称谓——"火腿收藏家"（Kolakreten）很直白地体现了这一点。收集起来的肉类将会成为"燃料"，以保证"国家机器"的正常运作。他们的任务还包括向友邦展示自己国家的热情好客。除到访的外国使节外，当地居民也会从中受益。在大型节日期间，每位公民都能分到两串肉。国家税收和分配体系的早期形态正是在这一过程中逐渐形成的。

人们可以在最古老的希腊银币（约于公元前550年铸造）上看到牛的图案。但很快，神明的形象便取代了牛的形象，直到最终，统治者们将自己的形象永久地刻在了他们发行的硬币上。

这种由圣殿到市场、银行以及国家分配机构的转变为一幅幅熟悉的旧画面增添了崭新的背景。人们绝不会忘记约翰福音（2，13—25）和马太福音（21，12—17）中的记述：耶稣将商人驱逐出圣殿。这一场景的现代诠释，常常是对抗贪求利益之人对神圣生活的侵犯。然而圣殿转变成了交易市场以及经济机构的事实，使这种解释变得不那么站得住脚。人们常说的"耶稣洁净圣殿"（Reinigung des Tempels vom Mammon）并不是针对商人，而更多的是针对那些对圣殿本身的攻击，这是一种解放原有神圣架构的尝试。这是一个预言：圣殿及其祭祀仪式的尽头已经到来，而上帝的财富就在我们身边。

第一批硬币

古希腊和整个小亚细亚地区在公元前8世纪经历了前所未有的经济发展，并形成了以城市为基础的社会形态。商人们确保了各个城市和地区之间的货物流通。吕底亚人在这段发展历程中起到了决定性的作用。公元前2000年左右，生活在今天安纳托利亚的吕底亚人被认为是硬币的发明者。其帝国在公元前7世纪时就采用了比同时期其他地区更为严格的经济政策结构。

正如我们今天所知道的，第一批贵金属硬币是在吕底亚统治者阿利亚特二世（Alyattes II）统治时期（公元前605年—前561年）制造完成的。当时的一位神殿祭司确定了所谓的币制（Münzfu），并以此来确定硬币对应的金额，这对于全新的硬币体系而言是一个历史性的时刻。人们不再需要称贵金属的重量，而是依靠硬币表面刻下的金额确认其价值。这种硬币之所以会被市场所

吕底亚金币，约1.5英寸×1.2英寸（1英寸≈2.54厘米）大小。金币上有克罗伊斯时期的狮子与公牛头图案。

接受，一方面是因为圣殿以及国家的权威确保了这一点，另一方面则是因为人们对硬币高度认可。

作为交易对象，硬币与作为商品的黄金、白银之间还有另一个重要的区别，这也是其成功的关键因素：吕底亚人制造的硬币面值低，在交易过程中能够对应极小部分的劳动投入或是农业产出。最轻的硬币质量仅为0.14克，少量商品的购买以及小额服务成为可能。

第一批吕底亚硬币由琥珀金制成，这是一种天然存在的银金合金。其外观也不像我们今天所熟知的硬币，我们更应该把它想象成一个椭圆形的块状物，它比现代硬币厚很多。表面刻有象征着皇家的狮子头图案，这也标志着这块琥珀金不再具有其贵金属合金的商业价值，取而代之的是作为硬币被赋予的购买价值。

如果没有硬币，吕底亚和整个古希腊无法实现其经济崛起。对硬币的使用确保了吕底亚人在历史进程中的核心作用——或许历史上最著名、最古老的帝国也源自他们，如阿利亚特的后继者，吕底亚王国的最后一位君主，就是如今我们熟知的克罗伊斯（约公元前595年—约前546年）。

如克罗伊斯般富有

公元前560年，当克罗伊斯荣登王位之时，吕底亚已经是一个富饶繁荣的国家了。吕底亚有丰富的黄金矿资源，尤其是帕克托勒斯河流域（Fluss Paktolos），这为其经济体系的建立提供了庞大的资本储备。吕底亚不仅拥有黄金资源及货币，其香水和化妆品也在当时拥有无与伦比的优势，因此它在地区贸易中一直占据重要地位。不发动战争、不征服别国，克罗伊斯利用这笔资金建立了一套全新的、基于贸易的富强模式。有些地区不认可硬币形式的贵金属的货币价值，人们依旧能根据其原材料的价值进行交易。早期形式的硬币往往只在造币城邦附近的小范围内有效，这对大家来说是一种全新的体验。随着更多的国家接受了硬币，跨地区的贸易在古希腊和小亚细亚地区扩散开来。交易品不再局限于香水和化妆品，还包括谷物、石油、啤酒、葡萄酒、皮革、陶器、木材以及各种各样的奢侈品。

克罗伊斯收纳吕底亚人贡品。克劳德·维尼翁（1593年—1670年）于1629年绘制的作品。

货币的起源

贸易的增长还给交易场所带来了新的改变。那些寻求交易的人不再需要上门寻找合适的卖家或者买家，而只需要直接前往交易市场；不再是以物换物，而是以货币完成交易。这种全新的市场正是这位吕底亚统治者的创新之举。一个个货摊主都专注于售卖各自专长的商品。买家与卖家不再局限于当地人，还包括旅行到访之人。因此，这个交易市场也逐渐成为不断扩大的地中海贸易区的起点和枢纽。

吕底亚人将交换与交易转换为商业贸易，是第一个以商贸为生的民族，由他们创造的围绕市场展开商业活动的模式自公元前7世纪后期一直延续至今。从阿拉伯和土耳其地区的集市到欧洲中世纪的市场，再到如今的现代化购物中心，这种贸易模式以及由此产生的巨大财富带来了全新的自由。因为吕底亚人的财富完全归私人所有，不再需要作为贡品上交神殿，对众神道德义务的。许多在此之前人们无法想象的事物都因为这笔财富的出现而成为可能——但也不只是美好的事物。在吕底亚硬币的影响下，卖淫与赌博活动的增多也许并非巧合。

众所周知，克罗伊斯的大部分财富是继承而来的。那么，是什么让他如此出名？答案是：他能成为一名传奇人物，并不是因为财富本身——举例来说，波斯统治者们拥有更庞大的财富——而是因为他使用财富的方式。克罗伊斯尽情地挥霍着他所拥有的一切，这也使得他成为花花公子的原型。这位吕底亚国王建造了无数宏伟的建筑，还建立了一支军队，并依靠它征服了许多小亚细亚的希腊城邦，包括艾菲索斯（Ephesos，位于今天土耳其的西海岸）。他完成了对阿耳忒弥斯神庙（Artemis-Tempel）周围众多小定居点的整合工作。而这座属于古代世界七大奇迹之一的神庙，其建造过程中最主要的赞助人也正是这位国王——他捐赠了多根立柱。

货币的起源

居鲁士二世在萨狄斯征服吕底亚。1832年的彩色石版画。

克罗伊斯的狂热不仅体现在奢侈品消费上，还表现在征服欲上，这也最终给他带来了毁灭。按照传统，特尔斐神谕（das Orakel von Delphi）透露，如果他越过哈里斯河（Fluss Halys，今克泽尔河），那么将会摧毁一个伟大的帝国。这个预言促使他做出决定，进攻波斯帝国。神谕确实是正确的，但被摧毁的伟大帝国却是吕底亚帝国。据记载，当波斯士兵尽情掠夺吕底亚首都萨狄斯（Sardes）时，他们的国王居鲁士二世（Kyros II，约公元前600年—前529年，自公元前558年起统治波斯）在向战败的克罗伊斯炫耀自己赢得的吕底亚帝国的一切。克罗伊斯则这样对他说："这些财富不再是我的了。这里什么都不属于我。你正在毁灭的是你的城市，而夺走的也是你的宝藏。"

吕底亚帝国走向了灭亡，但克罗伊斯的命运我们不得而知。根据艾菲索斯神殿铭文的记载，波斯人对他执行了火刑；历史学家希罗多德（约公元前484年—前425年）则记录，他被赦免了。克罗伊斯虽然是吕底亚帝国最后一位君主，但仍留下了一项伟大的功绩：由他创造的硬币登上了世界舞台。

$ W

R$

A$

₱

Rp   SFr

经典的古代货币

古希腊货币

梭伦改革

经济复苏时代

来自雅典的猫头鹰

对货币的第一次疑惑

金钱是身份的象征

罗马人的硬币体系

第纳尔：通用货币

财富创造权力

发展的极限

世界货币的崩塌

重回自然经济

野蛮人入侵

被遗忘的货币

对财宝的渴望

公元前5世纪—前3世纪，古希腊钱币上流行的人物形象包括上帝和其他神话人物。例如，左下角的硬币显示了锡拉丘兹（Syracuse）的智慧女神雅典娜（Athena）。

古希腊货币

人们开始逐渐习惯使用吕底亚人的琥珀金货币，他们会随身携带硬币或将其小心翼翼地保存在钱箱中，并使用硬币来购买货物或换取服务。这一事实正显示了货币发展史上的一个革命性的进步。尽管如此，吕底亚货币的流通范围仍旧局限于今天的土耳其西部地区。然而，一些希腊城邦也早在公元前7世纪便开始压制银锭，并承认其作为付款方式的合法性。但是，属于他们的银币制造始于公元前550年左右。这些来自埃伊纳岛（Ägina）的银币最初并没有暴风骤雨般地席卷古希腊。当然，这也与希腊人基于家庭经济（Oikenwirtschaft）建立的体系有关，这一体系发挥了作用，且与人们通过货币来牟利的想法是完全背道而驰的。

图为带有金银成分的希腊硬币，制于公元前6世纪。
硬币上最初印有动物图案，如图中的鹿，之后动物图案被神像取代。

随着公元前6世纪硬币的进一步推广，原本作为支付手段的牛不得不让位于表面印有牛身花纹的硬币。旧系统实际上已经走到了尽头，但最初的货币并没有以家庭经济对立面的身份进入社会，而仅仅被当作牛的等价物。因此，我们也不必感到惊讶。硬币上的牛身花纹很快又被戴着头盔的雅典娜取代了。雅典娜在其中发挥了重要的象征性作用：通过雅典娜的形象，硬币中各地特色被剥离出来，取而代之的是对整个希腊地区的文化体现。新的硬币很快席卷了整个希腊，并促进了远程贸易的蓬勃发展。雅典与其他地区的贸易关系也得以迅速发展，西至西班牙，南达埃及，葡萄酒和橄榄油的交易也向东延至黑海地区。

然而，跨区域贸易也带来了实际问题。各个地区都逐渐拥有了自己的硬币，但它们之间的价值比率并不明确。人们最初试图通过参考金属的原始价值来解决这个问题：因为大多数硬币都是银币，所以人们可以按照硬币的质量来进行比较。然而，这种做法并没有持续很久，因为商人们很难相信自己收到的硬币没有被动过手脚。这个问题过于复杂，于是衍生出了一个全新的职业：货币兑换商。

在雅典这类商业中心城市生活的货币兑换商们，可以切实地解决硬币多样性带来的问题。他们在位于港口的摊位上堆满了来自不同国家、不同城市的硬币，为每个目的地的商人都准备了适合的硬币。无法使用的硬币仍然可以再次进行熔炼。因此，即使它的价值不及其制成硬币后的面值，至少银作为原材料的金属价值得以保留。对于货币兑换商而言，其损失也会因此而得以减少。

古代家庭经济

在货币进入古希腊人民的生活之前，家庭经济（Oikenwirtschaft，"oikos"意味着家庭）的模式早已存在。而奴隶是家庭经济的重要组成部分，他们尽可能多地创造着整个氏族所需要的一切。他们加工制作的商品将在家族内部进行分配。这种自给自足的家庭经济拖慢了贸易——无论是本地的贸易，还是跨区域的贸易——发展的脚步。对贸易的限制远不止于此：当时的人们认为通过贸易获得收益是不道德的行为。

拥有家畜数量的多少被认为是衡量家庭财富多寡的标准。大宗交易的金额由牛来代表，而羊则是"零钱"。在很多情况下，人们将"牛"视作货币单位。据说，荷马史诗《奥德赛》中的奥德修斯之父拉厄耳忒斯（Laertes）就曾以20头牛的"金额"购买了一位处女。

梭伦改革

硬币随着希腊各国的日益强盛而出现，这一现象绝非偶然。当克罗伊斯确定了阿提卡硬币的材料组成（每枚硬币的贵金属含量有多高——人们将这样的原材料量值称为"币制"）时，一次改革已经在政治家梭伦（约公元前638年—约前559年）

的引导下全面展开。当时雅典各阶级间的冲突已经威胁到了整座城邦。农民要求废除奴隶制度和对土地重新进行分配;贵族则不愿意看到任何骚乱并希望保证自己的财富不受损失。双方在梭伦的努力下最终达成妥协,这座城市也重获和平。梭伦制定了新法典,以法律的手段制裁放高利贷的人,为底层人民解除了困境。农民的债务均被清除,法律还禁止把欠债的平民变为奴隶。因此,被剥削的贫困农民有了其他选择,而不再需要抵押自身(成为奴隶)来借债。同时,贵族的产业及财富均得以保留,他们还在政治体系中起着主导作用。

梭伦铜像

梭伦的前辈早就进行过类似的尝试——但结果总是惊人地相似:在很短的时间内,原本的权力分配方式与债权关系又死灰复燃。梭伦显然比他们更成功,因为他为更多的公民创造了担任公职的机会。虽然过去只有贵族才能担任官职,但现在私有财产和经济上的成功才是国家政治中的决定性因素。早期的民主制度很好地体现了这一点,例如,被分为四个等级的公民通过公民大会确定民众法庭的人员组成。除第四等级公民外,其他公民皆可通过竞选成为"四百人会议"——最高司法机关的一员。由此可见,最终只有生活富裕的公民才能参加竞选,候选人财富的增加提高了在政府担任要职的概率。"四百人会议"的成员对国家行政机关以及高级官员们(执政官)进行监管,并监督公民大会各项决议的执行。由此，我们可以认为，货币是社会民主化进程的引擎。

梭伦改革以及全新的阿提卡币制自然有其经济层面的含义，但更重要的是它们带来了民主、和平以及团结，并终结了社会苦难。梭伦改革所带来的影响远远超越了雅典的边境线。公元前454年，一个来自遥远的意大利西部不知名小部落的代表团造访雅典，希望能够研习梭伦的改革。这支代表团为自己的城市带回了部分改革内容，并将其纳入了自己城市的法律，那座城市的名字正是罗马。

经济复苏时代

在全新的雅典社会中，公民的社会地位得到了前所未有的提升，并且公民可以通过任何形式的工作或服务赚取金钱。除此之外，集体利益也得到了重视：在城市中，发行货币的目的在于让其履行某些公共义务，包括为普通公民提供服务。公元前482年，有人建议将飞速增长的市政现金储备平均分发给所有公民，每人约10德拉克马（Drachmen）。而执政官地米斯托克利（Themistokles）成功说服大家将资金投入到新的发展项目中去。这是一次公民对其共同利益进行正当投资的绝佳范例。

因此，货币不再只有单一的商品价值，更代表了个人对集体利益的贡献。这改变了人们对货币的理解，也意味着一个巧妙的想法、一件艺术品或一首歌都可以像市场上出售的谷物或牲畜一样被转换成货币。自此，人们可以以非物质形式的智力来工作，且更轻松地谋生。科学研究与艺术创作和手工劳动一样，成为民众的收入来源。

自公元前5世纪起，诡辩术（Sophistik）在各地兴起：巡回教师在全国各地游历，并以收费授徒为职业。接受教育不再是柏拉图（Platon，公元前427年—前347年）等富有贵族们的特权。"诡辩术"这个带有贬义色彩的概念也正是由柏拉图创造的。因为他将教育以及对真理和知识的追求视作贵族们一种与生俱来的特权，所以自然很难忍受巡回教师们从事教育工作，更不用说他们还是出于赚取酬劳的目的。然而，政治的民主化以及知识传播的公众化也催生出了全新的"雄辩术"（Rhetorik），即使是柏拉图这样的怀疑论者也痴迷于这种卓越的艺术形式。在一个民主国家，成功的要诀在于得到多数人的支持，而演讲艺术是至关重要的。

知识属于天选之人：柏拉图反对知识商业化，因为这会让知识平民化。这尊大理石柏拉图上身像可能是约公元前4世纪的希腊原作的复制品。

民主、科学以及文化能够在希腊得到蓬勃发展，得益于这个城邦通过贸易获得的巨额财富。古希腊从英雄奥德修斯的神话世界转变为思想家、哲学家和科学家的乐土，这一转变在此时发生绝不是偶然。一个黄金时代即将到来。

民主、法律、科学和哲学的兴起，以及货币体系的发展都增强了希腊的实力。

与此同时,雅典开埠与其他城市通商,雅典人取代了保守的腓尼基人,成为地中海地区最主要的贸易力量。阿提卡硬币与爱奥尼亚语一起传遍了整个地中海地区。因此,贸易也成为希腊人在地中海文化及语言中占据主导地位的引擎。

来自雅典的猫头鹰

猫头鹰是阿提卡硬币的象征。它在雅典之外的许多城市也都被认为经济繁荣和民众精神生活丰富的象征。人们真的不需要带着"猫头鹰"前往雅典,因为那里已经足够多了。

在公元前4世纪,人们开始压制印有猫头鹰和橄榄枝图案的硬币。

在雅典以南劳里厄姆丰富的银矿的支持下，新货币的发行为政府和圣殿带来了巨额收益。然而事实证明，与克罗伊斯统治的吕底亚一样，丰富的矿产资源并不足以满足国家与市场对货币日益增长的需求。被视为"历史学之父"的修昔底德（Thukydides，约公元前460年—前400年），在他的著作中描述了雅典卫城圣殿所守护的宝藏是如何渐渐改变的：现在圣殿内已全是银币了，它不再作为神灵祭祀仪式的一部分，而成为能更安全地保存金钱的地方。圣殿坚实的墙壁能起到很好的保护作用，祭司们既没有意愿也没有权力侵吞委托人的财产。圣殿也由此逐渐从祭祀神灵之地转变成了富人们的银行。政府也将收缴的税金交由圣殿保护，并在必要的时候取回——但取回的金额通常比存放的金额更多。而且当出现紧急情况时，不仅银币会被全部动用，内部的金铸雕像也会被熔解再造。为了给战争提供资金支持，仅公元前407年—前406年一年的时间里，便有420千克圣殿宝藏被再加工，人们共筹集了10万德拉克马的资金。

其他城市也对这种基于货币取得成功的社会模式感兴趣。财富与政治的影响力如此之大，人们原本对货币体系存在的道德担忧也很大程度上就消除了。自公元前5世纪起，许多其他城邦都开始发行属于自己的硬币，其中甚至包括那些没有足够财富去打造银币的城邦。例如，斯巴达人引入了铁币，但并未取得成功。铁作为在日常生活中被广泛应用的金属，在很大程度上几乎是毫无价值的，因此作为硬币也难有很大作为。铁币虽然失败了，但其原材料仍然可以铸成利剑。斯巴达人最终选择用武力来对抗其他城市的繁荣发展，铁币只是一种象征性的存在。除斯巴达人外在战争中几乎不被接受的铁币只能用来武装军队，提升军队的战斗力。当斯巴达人向雅典发动战争时，他们唯一的依靠是波斯国王的巨额财政支持，后者希望借此来破坏希腊国家稳定的政治结构。

"古希腊广场"是古代雅典的中心市场,远方可以辨认出雅典卫城。来自19世纪图本的插图。

经典的古代货币 |

对货币的第一次疑惑

今天,我们对金钱的看法更加矛盾,我们意识到金钱会带来局势紧张、地区冲突和社会不公正等问题。然而,这种怀疑的看法在当时的雅典人中可能并不普遍,货币起着无可替代的社会作用。金钱无处不在,它甚至被看作除了空气、水、火和土之外的第五类元素。根据剧作家阿里斯托芬(Aristophanes,约公元前448年—前380年)的说法,人们甚至在口中含着最小金额的硬币,以保证自己在任何情况下都有支付能力。而诗人阿尔卡埃乌斯(Alkaios)则写道:"Chremata, chremata aner." 其意思是"金钱,金钱就是人类"。

当然,反对的声音也逐渐兴起,亚里士多德(Aristoteles,公元前384年—前322年)就对新的货币体系提出了尖锐的批评。作为经济学说的"发明人",他承认货币的出现让经济活动真正成为可能。因为货币不仅保证了市场上的商业活动得以正常进行,而

37

且对社区的形成也是必不可少的。但他也指出，以货币进行交易会导致财富的无限扩大，因此往往会有人走上高利贷的偏路。他还在政治生活中注意到了这一点，因为在政治上，金钱总是腐败的导火索。因此，具有"必然领域"特性的经济生活对政治生活这一"自由领域"产生了过多的不良影响。

亚里士多德的货币理论被柏拉图等人采纳。在柏拉图看来，国家统治者们的资本累积会导致法律扭曲以及宪法的权威性遭到破坏。对他而言，财富是不诚实的标志，但同时也是取得政治权力的关键。柏拉图的结论十分激进：所有的货币都应该被废除，取而代之的应该是无实际价值的清算代币或代金券，而且这些代币或代金券只能用于抵销。所有流入的金钱都应该在港口被没收，转让大量财物以换取金钱的行为则要受到惩罚。日常交易也应该受到严格监管，每个月只能举办三次集市，一次用于粮食，一次用于酒水，一次用于牲畜、奴隶、毛皮及纺织品，每次间隔十天。

亚里士多德的想法并没有如此激进，但他对市场监管也有自己的看法。他并不认为每个人都应该为同一件商品支付等值的货币。这位哲学家想要为贫穷的顾客提供折扣，而对富有的顾客收取额外的费用。其负面影响在于打破了市场的均等原则，并且引入了买卖双方之间的个人关系。在这一点上，亚里士多德显然没有认清购买行为中个人关系的独立性。他打造一个更人性化的市场的梦想破灭了，其结果和柏拉图在一个由经济驱动的社会中与不道德财富所做的长期斗争的结果一样。

金钱是身份的象征

在梭伦改革以及引入阿提卡币制后的几百年间,雅典成为一个在政治和经济上取得一定成就的城邦。健康的货币体系在社会发展中显得格外耀眼,并带来了进一步的经济繁荣。亚历山大大帝(Alexander der Große,公元前356年—前323年),这位马其顿王国的国王比他的前辈们更深刻地理解了货币与权力扩张的关系。马其顿虽然一直受到希腊文化的影响,但既没有创立自己的城市文化,也没有在地中海地区建立广泛的贸易交流。亚历山大的父亲——腓力二世(公元前382年—前336年,自公元前359年起统治马其顿)曾成功地将希腊人眼中有些落后的马其顿发展成了该地区军事力量数一数二的城市。公元前337年,他整合了众多敌对的希腊城邦,并建立了"科林斯同盟"(Korinthischen Bund)。他的儿子亚历山大在公元前336年继位后,以令人

亚历山大大帝时期的硬币。左图是亚历山大肖像,右图是胜利女神尼姬。

| 全球货币进化史

亚里士多德（右）在腓力二世的宫殿内给年轻的亚历山大大帝上课。1876年的木刻作品。

难以想象的雄心继续着这段征服扩张之旅。当时的波斯几乎占据了整个西亚地区，而他却决心征服波斯领土面积50倍左右的疆域。

东征给各地带去了经济改革和阿提卡币制。他从波斯抢夺的贵金属资源都被用来打造新的硬币，金额总数闻所未闻。亚历山大每到一处，当地原有的硬币和宝藏都会被熔解再造，取而代之的则是马其顿的货币。统一的货币体系有利于亚历山大帝国内部的贸易发展，从而进一步促进经济增长。此外值得注意的是，新的硬币上的图案不再是神话图案、国家符号或天神形象,而是亚历山大大帝本人。货币的流通和全新的通商机会给整个帝国带来了进一步的繁荣,而这一切都与亚历山大大帝的形象有着密不可分的联系。

帝国的繁荣为亚历亚大的统治奠定了重要的合法性基础,但从其他角度来看,其治国能力并不出众:他残忍、傲慢,以自我为中心,醉心于权力,并且自以为是。他也不会放过潜在的敌人,会在前进道路排除一切危机。但亚历山大也是一个十分浪漫的人,他深爱着自己的第一任妻子罗克桑娜(Roxane,约公元前345年—前310年),反对所有人蔑视他妻子的低贱出身。他拜亚里士多德为师学习希腊英雄史诗。英雄们壮丽的冒险故事促使他在征服波斯之后继续向东方进军,前往传说中位于兴都库什山(Hindukusch)后的大外海。当他抵达那里时,发现世界比预想中的更大。他没有停下脚步,而是继续前进,一直到达今天的巴基斯坦地区。此时,这支疲惫的大军距离家乡约有5000公里。

没有终点的扩张之旅及其货币体系的成功让亚历山大产生了基于小型市场的民主体系概念。如果说希腊的城邦制在意识形态上优于庞大的波斯帝国的中央集权制,那么亚历山大则证明了,他有能力建立一个庞大且稳定的帝国。

我们当然可以想象,在领土面积较小的情况下,建立在亲属以及朋友之间的小范围社区更容易产生凝聚力。然而,对于一个拥有多种语言和文化的庞大帝国来说,情况就大不相同了。因此,亚历山大利用通用货币作为约束因素——他非常清楚,在这么短的时间内,不存在任何能够联通各区域的"交流手段"。这是一个十分聪明的做法,因为即使没有亲友关系,商业交易也能正常进行。买卖双方甚至无须到场,因为交易用的货币金额已经包含了所有信息,无论卖家愿意完成交易还是选择放弃。亚历山大在货币发展过程中的表现不仅代表了个人的价值主张,更体现了这位统治者无所不在的权力,无论帝国的疆域如何扩张。这些硬币让每个人都觉得自己是亚历山大大帝所统治的帝国的一分子——即使他们生活在那些被征服的领土上。

希腊文化和语言也随着货币一起向外传播。公元前323年，亚历山大大帝在没有确定继任者的情况下去世，帝国逐渐瓦解。其继任者们在各自的领地上延续着统治，由此形成了持续三个世纪之久的"希腊化时代"。希腊文化和语言在亚历山大大帝统治时期一直传播、渗透到了非希腊地区。来自尼罗河三角洲、西西里岛、突尼斯海岸和巴勒斯坦的商人们都使用希腊语进行交流。尽管希腊文化本身早已走到了终点，但叙利亚和亚洲的部分城市直至中世纪都在使用源自希腊语的语言。在亚历山大大帝死后，随着罗马的日益强大，希腊文化的发展空间逐渐被压缩。最终于公元前30年，"希腊化时代"随着最后一个希腊行省埃及被罗马人征服而画上句号。

罗马人的硬币体系

罗马曾在公元前5世纪派遣代表团前往雅典研究梭伦改革，并设法将它应用到自己的立法中。但这并没有在当时的世界舞台上掀起任何波澜：公元前4世纪，罗马只不过是被沼泽环绕、分布在几座山丘上的小村落而已。

自公元前343年起，朱诺莫内塔神庙（der Tempel der Juno Moneta）就矗立在古罗马城堡北部的山顶上，其南面则是另一个最重要的神庙——卡皮托利欧三神庙（Kapitolinischen Trias），里面供奉着罗马三大神——朱庇特（Jupiter）、朱诺（Juno）和密涅瓦（Minerva）。卡皮托利山是罗马的神圣中心。新当选的元老在这里献上

东征的路上：公元前331年，亚历山大在巴比伦。勒布伦（1619年—1690年）作品中的一角。

他们的祭品，凯旋的将军也在这里结束自己的胜利游行。这里不仅是罗马的祭祀中心，更是守护女神朱诺的神庙及内藏的造币工坊。

当贸易在意大利南部以及西西里岛各希腊城市蓬勃发展之时，罗马人依旧使用牛作为交易单位。事实上，在梭伦改革的影响下，当地已经引入了硬币的概念。但他们所使用的并不是价值较高且被普遍接受的银币，而是并不具备吸引力的铜币。相较之下，铜币质量更大但价值更低。因此，繁重的铜币未能取代传统的"牛币"（Rindergeld）。

罗马并没有仿效希腊的模式。罗马人并没有依靠统一的货币、紧密的贸易体系以及民主化进程来打造并维系全新的国家，而是通过军事力量——罗马军团的铁蹄无人可挡。伊特鲁里亚人和萨莫奈人均未能幸免，甚至部分希腊领土也被罗马军团征服了。罗马人建造道路并不是为了方便商人通行，而是为了利于军团行军。

公元前3世纪，罗马取得了其扩张史上的第一座里程碑：在布匿战争中击败了曾经的海上霸主、贸易大国——迦太基。迦太基人不仅要割让自己的领土，还要一次性缴纳3200塔兰特（1塔兰特约等于24—27千克的白银）黄金，之后再付1200塔兰特。这着实是一笔巨款。这笔赔款令罗马一夜暴富，而被征服的领土不仅为罗马提供了大量的资源，更其带来了一套完整的货币体系。

第纳尔：通用货币

由于持续战争造成的动荡不安以及领土的快速扩张，集中造币对于罗马而言是一项艰巨的挑战。公元前211年，罗马引入了一种全新的统一货币——第纳尔（Denar）。1第纳尔等价于10阿斯（As，迄今为止无实际意义的铜质币）。它既代表了足够大的价值，以保证能够被民众接受，同时又足够小，适用于各种交易场景。新征服领土的货币通常会被纳入第纳尔系统，这种新货币的使用范围迅速扩大。北到不列颠，东达小亚细亚，南至北非，人们在进行贸易时都无须兑换货币。第纳尔成为第一种世界性货币。

罗马人在朱诺莫内塔神庙中制造、发行第纳尔，因此，第一批第纳尔上印有女神的脸以及名词"Moneta"。由这个印记，引申出了许多与金钱相关的词汇，如英语中的"money"或是德语中的"Moneten"。位于朱诺莫内塔神庙的造币工坊一刻不停地打造着广受青睐的新银币，古罗马城堡与帝国间的资金流从未间断。但这也带来了一个后勤挑

第纳尔在发展历程中有过很多图案。这枚来自公元前44年的硬币上的图案是一位正在投票的选民，而当时政府的名字也被印在了上面。

战:第纳尔象征着整个罗马帝国的绝对权力,因此必须各个地方都流通,并有效取代当地原本的硬币。罗马人通过建立区域内的货币循环解决了这个问题:士兵们从各地税收中以第纳尔的形式获得报酬,并用这笔钱与当地的贸易商以及工匠进行日常交易,而贸易商和工匠则根据收入向罗马税务机关缴税。罗马人就是通过这种方法将地方对第纳尔的补给需求量减少到最低额度的,并在约500年的时间里保持着各地货币供应量的稳定。

除此之外,第纳尔更是一种交流手段,但它在不同地区传达的信息也是不同的。公元71年,莱茵河畔的罗马士兵可以在硬币上看到胜利女神维多利亚(Victoria)以及安全之神塞枯里塔斯(Securitas);公元69年,四帝共治(Vierkaiserjahr)过后的意大利出现了一段权力真空期,随着内战的爆发,百姓依靠的则是和谐女神康科迪娅(Concordia)的陪伴。

古罗马广场是罗马的政治、经济和文化中心,远处是卡比托利山。图为约1890年绘制的石版画。

经典的古代货币 |

| 全球货币进化史

财富创造权力

  事实证明，罗马的货币体系既稳定又持久。战争的胜利者不断地将硬币和金银从各地运往罗马，并将其熔化再造成第纳尔。与亚历山大大帝的做法相反，罗马并没有将财富分散到整个帝国，反而从各个被征服的行省中吸收"养分"，以加强其作为中央强国的地位。最重要的是，整套系统促进了罗马精英阶层的繁荣。以梭伦改革为范本的罗马，在立法方面并没有从根本上消除社会阶层间的不公正。而正是由于统治阶级对财富的贪婪，政治家、法官以及省级官员间的裙带关系及他们的腐败，阻碍了各地区脱离被剥削、被奴役命运的脚步。

  财富与权力总是相辅相成的。这一点在希腊社会中已经体现得淋漓尽致，只是罗马的游戏规则更为残酷。如果一个政治团体获得了权力，就会剥夺对手的一切。想要获得权力就必须先进行投资，然后依靠权力来进一步积累财富。使用这种策略的典型代表人物就是尤利乌斯·恺撒（Julius Caesar，公元前100年—前44年）。他年轻时曾向以富有著称的政治家马库斯·李奇尼乌斯·克拉苏（Marcus Licinius Crassus，约公元前112年—前53年）借款400万第纳尔用于结交政界友人。大家对恺撒的政治生涯都非常清楚，他最终获得的权力为他带来了财富，数量是他早先借款总和的数倍之多。曾经债台高筑的恺撒在去世时已是地中海地区最富有的人。

凭借财富和政治权力的融合，恺撒的继承人，也就是他的甥孙屋大维（Octavian，公元前63年—公元14年），成功阻止了推翻他个人统治的企图。他通过建立罗马帝国来"废除"共和制。尽管罗马共和制的表面形式依旧存在，但他已经掌握了唯一的绝对权力，并以奥古斯都之名统治着整个帝国。

　　奥古斯都对罗马硬币进行了改革。他使用新的金币奥利乌斯（Aureus）取代了帝国内部种类繁多的硬币。此外，第纳尔依旧作为银币单位，而最小的硬币单位则为奎德仑（Quadran，4奎德仑等于1阿斯）。他对混乱的货币体系做出调整，贸易得到了良好的发展。直到公元2世纪，罗马帝国在贸易中取得的成功绝不逊色于其军事成就，但在这之后，整个系统开始崩塌。究竟发生了什么？

发展的极限

　　几代罗马皇帝都体会到了货币给权力及财富带来的增长效应。历史告诉我们，由统治者肖像作为保证的硬币，其票面价值远高于其原材料的实际价值。因此，对于罗马皇帝而言，不断铸造和发行更多的硬币可以为他们创造更多的财富、带来更强大的军事力量和保证更丰富的奢侈生活。这在很长一段时间内都没有问题，因为有源源不断的贵金属从新征服的土地运往罗马。

　　然而在公元1世纪和2世纪，情况发生了改变。帝国疆土的延伸已经达到了极限。一方面，持续征服扩张以及维持帝国边境稳定的成本高于战争的预期收益，因此不会再有新的战利品流入帝国。与此同时，国内的银矿资源也日渐枯竭。虽然贸易总量仍旧在稳步增长，但这主要是由于国内贸易，它无法为帝国带来贵金属资源或是新的资金流。与帝国之外的人民进行的贸易也无法为帝国带来新的财富。另一方面，从印度进口的奢侈品更多地是让印度商人及当地统治者赚得盆满钵满，而罗马向印度出口货物的规模要小得多。就连日耳曼人也在罗马人身上获得了贸易顺差。提比略国王（Tiberius，公元前42年—公元37年，自公元14年起在位）曾对这一现象表达了不满：我们决不能容忍"自己的财富逐渐流向外国，甚至是敌国"。整个帝国的现金储备正在逐步走向枯竭。

尼禄皇帝（公元37年—68年，自公元54年起在位）选择用一个极其简单的逻辑来解决贵金属短缺的问题：既然硬币的价值完全是由统治者确定的票面价值决定的，其原材料的实际价值并不起决定性作用，那么为什么还要坚持原有的贵金属含量呢？尼禄决定将阿斯的金含量从8.18克降到7.22克，第纳尔的银含量则从3.89克降到3.4克，以保证货币供应。依靠这种方式，现有的贵金属资源至少能够维持更久的时间。尼禄现在可以使用相同数量的贵金属打造比原来多15%的硬币，并以此来维系他奢侈的消费支出。

百姓的生活已经离不开货币，即使硬币的尺寸突然变小，但是他们仍爽快地接受了这种改变。这时罗马帝国正处在一个疯狂追求奢侈生活的阶段，尼禄的消费账单还在不断增加。在他去世后，韦斯巴芗（Vespasian，公元9年—79年）在战胜了多位竞争对手之后终于成为继任者，并在公元69年登上了王位。公元72年，他开始建造罗马斗兽场。整个斗兽场工程的工期计划为8年。在其竣工后，他举办了一个长达百天的庆典。你可以想象一下，一座能容纳5万名观众的斗兽场会对民众产生怎样的影响。这座巨型斗兽场甚至可以通过充水的方式来模拟海战。大象、老虎、鳄鱼以及其他异国猛兽进口到罗马，为的只是一场精彩的人兽大战，直至一方战死。地下通道以及液压升降装置让角斗士们可以在场地的任何区域突然出现。由此我们可以理解，在一个可以实现如此壮观景象的帝国之中，几乎不会有人认为其经济体系已经处在崩溃的边缘。

韦斯巴芗在位时就已经意识到帝国处于崩溃边缘。对他而言,在保证自己帝国统治的同时还要偿还尼禄留下的债务绝非易事。韦斯巴芗严格监管国家财政,增加税收、减少政府开支并出售公职给竞价最高者。他在筹集资金方面很有"创意":除上述举措外,他还对公共厕所征收厕所税。据说他的儿子提图斯(Titus)曾为此批评过他。韦斯巴芗则在儿子面前拿起一枚以厕所税为名征收而来的硬币——一枚毫无瑕疵的硬币,"然而它来自我们的尿液",韦斯巴芗补充道。"Pecunia non olet."(Geld stinkt nicht,金钱永远不臭)这句俗语正是来源于此。

公元79年,韦斯巴芗去世,为后人留下了一个看似经济稳定、贸易正常,实则充斥着由挥霍无度、收支不平衡带来崩塌威胁的帝国。

如果没有克拉苏的财政支持,恺撒便无法崛起,也无法在历史的舞台上大放异彩。图为大理石恺撒半身石像的现代模型,约制于公元前25年。

古罗马重要的建筑之一:罗马斗兽场。未注明日期的彩色插图。

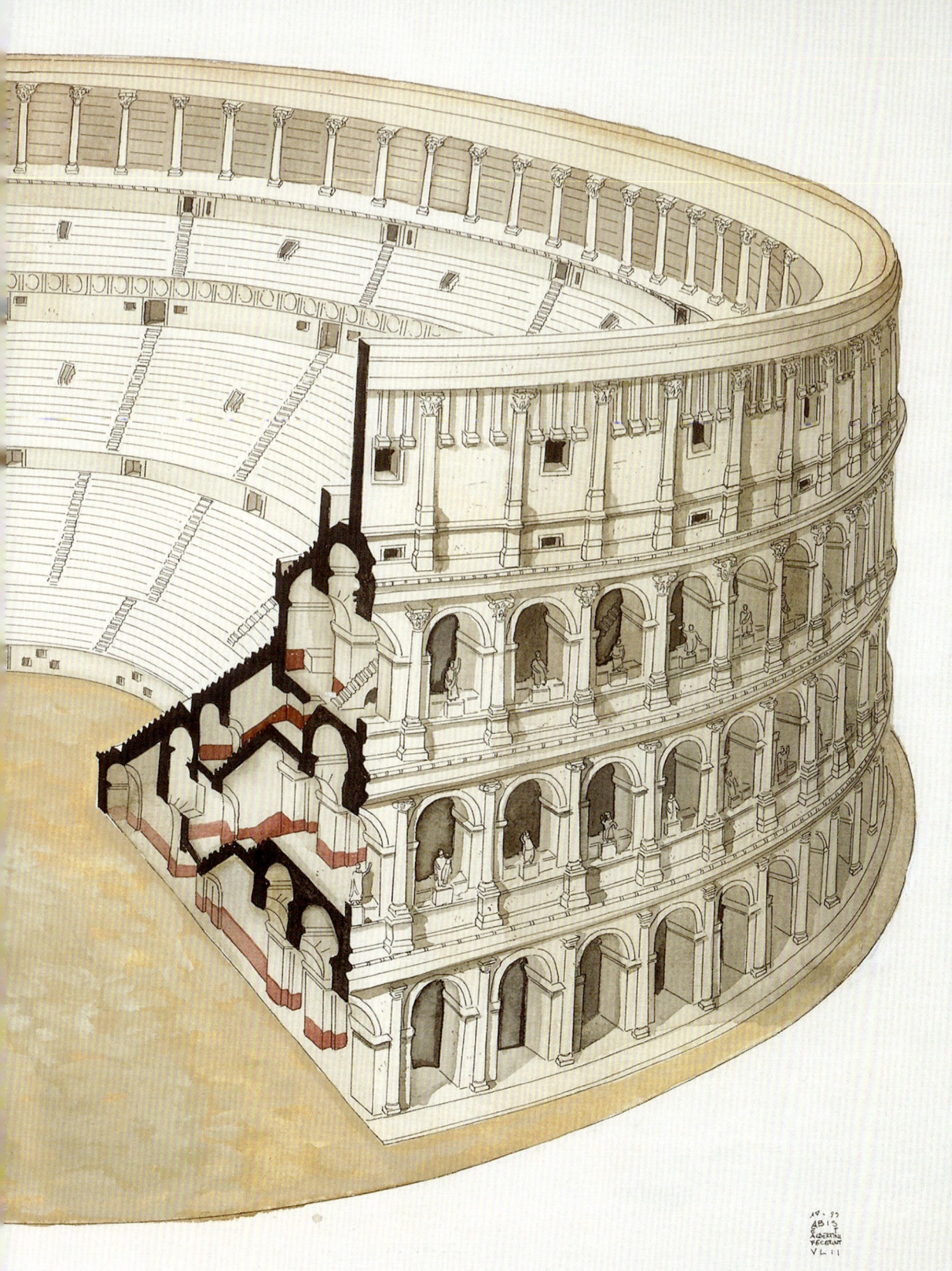

| 全球货币进化史

世界货币的崩塌

由于财务状况不佳,韦斯巴芗的继任者几乎没有维持国家稳定的有效措施。帝国为其巨大的"体型"所累。由于对奢侈品的渴望热潮并未消退,大量未加工成硬币的贵金属流向国外。没有任何新的外征议程,仅保证国家内部的安全与稳定就已让人精疲力竭。直至4世纪,罗马的领土并没有进一步扩大,但其军队人员的数量却增加到了60万人。如此巨大的成本支出却无法带来任何收入。

面对巨额的政府支出,其出路究竟在何方?继任者们别无选择,只能效仿尼禄,逐步减少硬币中的贵金属含量。银作为原材料的需求量远大于银币,而所谓的"赛拉提硬币"(Serati-Münzen)也应运而生。赛拉提硬币的实质就是带有锯齿形边缘的第纳尔,这种形状是为了确保硬币的边缘无法被刀子削落。第纳尔的银质边缘被作为原材料出售,而硬币

传说中的"卡尔克里泽宝藏"(下萨克森州):发现于1993年,包含15第纳尔,3奎纳尔以及1奥利乌斯。这些罗马硬币均来自公元前1世纪。

经典的古代货币

罗马军队的军饷把国家推向了毁灭的边缘。

仍保有其面值。这种形式的白银获取方式变得越来越普遍。然而,因为硬币不可能持续地变小,所以缩小硬币尺寸的方法也渐渐走到了尽头,人们甚至不得不在硬币中增加铜的含量。

卡拉卡拉皇帝(Caracalla,188年—217年,211年起在位)在公元215年引入了所谓"安东尼币"(Antoninian)这一新币种,其银含量是第纳尔的1.5倍,但面值却相当于2个第纳尔。奥勒利安皇帝(Aurelian,214年—275年,自270年起在位)则发行了一种完全由铜组成的"银"第纳尔,硬币的银色表面通过一种被称为"热法镀银"的特殊酸性处理而得。在不到短短200年的时间里,第纳尔的银含量从100%几乎降到了0。最初用于制作1枚第纳尔的银,现在可以打造150枚之多。然而,由于民众对货币的信心也在逐步减少,所以预期的盈利并未实现。奥勒利安曾想重组金融体系，但最终未能成功。他甚至允许债权人拒绝接受使用"坏"硬币来偿还债务的请求。这对由帝国担保价值的硬币而言，是一个致命的打击。

因此，货币体系最终崩溃，通货膨胀在274年—275年大爆发，国家行政支出的压力也日益加剧。罗马及各行省的官僚机构发展极其迅速，皇帝在很大程度上并没有实权。而在帝国的边界地区，在野蛮外族的入侵压力下，罗马的绝对统治地位也摇摇欲坠。在经历了500年的成功之后，第纳尔银币走到了终点，随之而来的是民众对皇帝的创造力失去信心以及政治统治体系的崩塌。

重回自然经济

戴克里先皇帝（Diokletian，约245年—313年，284年—305年在位）在第纳尔体系崩溃之后，曾试图回归金本位制，重新建立有序的市场秩序。之前几任皇帝所发行的毫无价值的伪币被禁止继续使用。然而，贵金属资源依旧稀缺，这也就直接限制了全新的贵金属硬币可能产生的经济动力。

在戴克里先之前，皇帝一直扮演着"国家第一公民"的角色。而他创造了一种新的政府形式，即所谓的"四帝共治制"：全境共有四位领导人，他们分治东、西帝国。但这位改革家仍旧低估了金钱的力量。301年，他发布了最高价格法令，希望通过规定超过1200种商品和服务的价格上限来抑制通货膨胀。所有的价格标准都被刻在岩石上，岩石则摆放在城中。这一方案旨在打破近年来不断上涨的价格旋梯，并通过稳定价格来建立民众对新货币的信心。违反最高价格法案的人将受到严厉的惩罚，甚至可能被判处死刑。但这所有的措施最终都未能成功。尽管价格受到限制，但部分手工艺品的价格贫困百姓仍旧承担不起。而过低的价格限额也意味着人们更愿意为自己生产或是囤积货物，而不愿前往市场出售，商品几乎在地下市场以更高的价格售卖，或回到原始的以物易物的方式。

戴克里先的改革带来的却是商品产量的下降。这位皇帝还试图强迫人们从事经济活动。子承父业变成了国家法令，农民则不得出售他们的田地。最初旨在阻止经济体系崩塌的改革措施，最终却导致社会结构固化，而代表了欧洲中世纪大部分地区的封建社会制度的基石也由此逐渐形成。

皇帝奥勒利安的肖像硬币。当他于公元270年成为罗马皇帝时，整个帝国陷入了严重的危机：蛮族入侵边界，国内财务状况混乱。

市场上见不到商品的身影，大家纷纷囤积贵金属货币。地区之间没有贸易交流，商品与服务主要以实物的形式进行交换。国家财政处于长期破产的状态，而政治干预手段也收效甚微。数百年来，罗马帝国脆弱的内外政平衡终于开始动摇。谁该为军费埋单？谁又该出资控制外来蛮族？戴克里先用了一切方法来维持军队团结。政府所属的工坊优先生产士兵们所需的物品。当市场上几乎没有人提供运输服务时，戴克里先不得不自行组织安排武器装备的运输工作。在他退位之前，私营经济已基本陷入停滞状态。政府成了最大的生产制造商、最大的田地及矿山所有者，以及各种服务的主要提供者。

戴克里先对居住在罗马的基督徒进行了将近十年的迫害，为的只是收缴他们的财产转为国有，从而维持国家经济体系的正常运行。但基督徒的"鲜血"只能延缓崩塌，无法带来实质性的改变。

戴克里先的继任者君士坦丁大帝（Konstantin der Große，280年—337年，自306年起在位）结束了这一暴行。他的自由宗教政策确立了基督教的合法性。与此同时，他必须找到新的资金来源，古老的异教寺庙引起了他的兴趣。君士坦丁系统化地抢走了这些寺庙内的宝藏，然后用抢得的贵金属铸造新的硬币，以此为国家经济发展提供资金。他还将这笔资金用于罗马新都城拜占庭的扩建，并在日后将其更名为"君士坦丁堡"。当君士坦丁击败自己最后一个竞争对手李锡尼（Licinius，250年—325年，308年—324年在位），取得整个帝国的控制权时，他意识到了东部帝国日益重要的地位，因此把大部分战利品又立刻投入东部帝国的市场中，而罗马和帝国其他区域则同时遭到了忽视。

尽管整个帝国在此之后依旧延续了百年之久，但罗马帝国的原始中心——帝国的西部却早已陷入混乱的状态。

当罗马帝国终结之时，原本的贸易及军事策略被计划经济取代，罗马变成了一个没有秩序、没有市场、没有稳定货币的国家。古代文明与其经典的货币经济一同走下神坛；而几个世纪之后，新的货币经济在别处得以重生。

带着橡树叶头环的戴克里先皇帝。3世纪晚期的大理石像。

受戴克里先迫害的最有名的基督徒是圣巴斯蒂安。作品由阿尔布雷希特·阿尔特多费(1480年—1538年)创作于1510年左右。

君士坦丁大帝尽管早就信仰基督教,但在临终前才受洗。1246年的壁画细节。

经典的古代货币 |

野蛮人入侵

罗马帝国的一切繁荣究竟逝向何方？几个世纪以来，罗马一直依靠对外征服来为维持自身的奢侈提供资金。贸易的蓬勃发展主要依靠其自身的巨大需求。与吕底亚以及其他希腊大都市的成功贸易结构相反，罗马帝国从未成为一个出口大国。当罗马停止其军事扩张，而贵金属储备也因此日渐枯竭之时，这位世界霸主的绝对力量显得十分孱弱。因为在过去的几个世纪中，它未能建立一个以出口商品来维持帝国繁荣的经济结构。

罗马人对于自己在经济及金融政策上的失策总是视而不见，或者说不愿意承认自己的错误。而将野蛮人——那些总是对帝国内部秩序构成威胁的麻烦制造者们，视作货币崩溃的原因是多么简单和轻松。他们不断地在帝国边境或内部采取行动，而罗马人选择用金钱来"抵御"他们一次次的进攻。随着种族迁

对野蛮人的恐惧心理普遍存在于罗马人心中。390年,高卢人掠夺罗马。保罗·约瑟夫·贾明(1853年—1903年)作品。

经典的古代货币

徒的开始,这种脆弱的平衡也被打破了。野蛮人肆无忌惮地在罗马的土地上掠夺百姓和破坏市场。市场崩溃了,每个人都为自己的生存担忧。这些民族与罗马人并肩生活了几个世纪,现在却突然推翻帝国统治,并导致其彻底衰落。那么,他们究竟是谁呢?

"野蛮人"的概念最初源自希腊。希腊人将那些不会说希腊语或是希腊语水平很差的人称作"野蛮人"(Barbar,意为"口吃者")。起初连罗马人也属于野蛮人,但由于他们对希腊文化的痴迷,最终这一概念被重新定义:任何不属于希腊-罗马文明的人都是野蛮人,比如日耳曼人。但"野蛮人"一词总是带有一种文化自卑感。

罗马人与野蛮人作战。2世纪早期的石材浮雕。

被遗忘的货币

罗马硬币一开始贬值,野蛮人就知道如何区分早期的"好"银币与红光闪闪的新硬币。对于他们来说,皇帝印章所保证的硬币面值没有任何意义。他们没有自己的货币系统,只关注宝藏的实际价值。因此,当罗马市民依靠硬币面额确定价值的时候,野蛮人更关心哪些硬币拥有更高的原材料价值。那些"好"银币自然被淘汰了,而君士坦丁大帝在309年颁行的金"索利都斯"(Solidus)得到了认可,并在帝国内外扮演着重要的角色。例如,日耳曼人就在索利都斯上穿孔,并用丝带将它们串起来挂在脖子上,以便携带。

一个属于珠宝和财富储蓄的时代逐渐到来。375年—376年,匈入侵之后,大规模的移民活动为此留下了最切实的证据——曾经的货币都变成了散落在宝箱或地窖中的金币。此外,它们还常常被熔化加工成戒指、金杯和手镯。

货币不再是一种消费手段,或仅被用来购买奢侈品,它本身已经成为财富的代表,并且不需要任何的实际使用方式。因此,关于货币与贸易如何正常运作的知识很快就被人遗忘了。教育的衰落对此造成了一定的影响,随着人口的迁徙,教育的重要性被越来越多的人遗忘。大多数情况下,只有神职人员才有阅读和写作的能力,他们保管着在西欧只有零星片段流传的古代文学作品。公元4世纪—5世纪,距离罗马沦陷后仅仅几代人之隔,几乎已经没有任何普通公民或是农民清楚货币对他们的影响。他们中的很多人甚至无法理解硬币的面值或进行简单的加减运算。

政府从未放弃重建有序的货币体系,针对商品及服务的税收制度仍得以保留。对于普通的农民而言,这意味着尽量自给自足。他们会种植各种各样的作物,拥有自己的小群禽畜,此外也努力制造工具、制作家具和编织衣物。农民完全没有必要依赖他人。当然,从长远来看,越来越多的人被迫为他人工作也是不可避免的。回归无货币制度为日后的封建主义铺平了道路。

对财宝的渴望

野蛮人为他们掠夺的财宝疯狂庆祝。统治者的宴会餐桌上摆放了大量的装饰品，但其重量实在太大了，所以要用小型起重机才能把它们抬到桌子上。

传说中的宴会是法兰克王国墨洛温王朝的国王希尔佩里克一世（Chilperichs I，约537年—584年）的宴会，这位自561年起统治苏瓦松（Soissons）纽斯特利亚（Neustrien）部分地区的国王让工匠用黄金和宝石打造了一件约20千克的装饰品。他的一位兄弟，贡特拉姆国王（Guntram，约532年—592年）——自561年起统治着勃艮第的奥尔良（Orléans）的部分领土——在其兄弟查理贝尔特一世（Charibert I，约518年—567年，自561年起统治包括巴黎在内的西部地区）去世后，引发了一次激烈的关于法兰克王国划分的"家庭纠纷"，而财宝的分配在其中发挥着重要的作用。

对财宝的贪婪始终伴随着嫉妒与暴力。这个时代的统治者们的家谱都是被鲜血染红的，充斥着父子、兄弟间的谋害，暴力的征服与掠夺。这早已超越了虚荣的范畴。统治者拥有越多可以炫耀的财宝，那么他的权力就越安全。584年，希尔佩里克的女儿瑞贡德（Rigunth）与西哥特王子雷卡雷德（Rekkared）订婚。她和整整50辆车的财宝一同被送往西班牙。这份财宝尽管有4000名士兵同行护卫，但还是

西哥特国王阿拉里希的河床墓穴。1842年的钢版画作品。

在不断的抢劫和监守自盗中消失得无影无踪。

　　统治者孩子的财宝自摇篮时代起就已经开始积累了，这样才能保证他们在成人之后能够握有实权。财宝还会跟随统治者进入坟墓，这表明其统治力量甚至可以超越死亡。因此流传下来很多奇闻逸事，匈人王阿提拉（Attila，约406年—453年，自434年起统治匈人帝国）就是一个极其神秘的例子。据传，他的尸体用丝绸包裹着，被放置在由铁、银和金三种材料制成的棺材里。阿提拉的坟墓至今未被发现，相关的殡仪人员都在葬礼后被杀害，以保守安葬地点的秘密。类似的传闻还有西哥特国王阿拉里希一世（Alarich I），他是第一位攻占罗马的日耳曼人。据说，人们为了他的葬礼首先改变了卡拉布里亚区的布森托河（Busento）的流向，然后在干涸的河床上建造坟墓，最后再将河水引回，这样就没有人能够在河流中找到坟墓的位置了。

中世纪货币

僵化货币系统的继承

狂妄的提乌德贝尔特

查理大帝的货币体系

教会:国中之国

教会与国王vs贵族和商人

新兴城市

哥特艺术:文化与经济的动力源

汉萨同盟:世界贸易的蓝图

十字军、圣殿骑士团和第一家银行

意大利银行的崛起

法国的救世主

中世纪时期硬币制作的场景。此木刻版画展示了造币工人在车间工作的情景。

僵化货币系统的继承

古罗马时期的货币制度总是在两个极端之间摇摆,有时会出现中央政权对货币总发行量进行管控的情况。但这种权力总是会和铺张浪费联系到一起,加上硬币成色降低和经济衰退,最终导致货币贬值。而有时货币发行权又会分散在各地,货币五花八门,实际使用价值无法体现出来。古罗马时期缺少的是一个代表政府利益发行货币的机构,即能够长时间对货币进行调控以保证其稳定性的中央银行。

直至公元7世纪,古老的东罗马帝国在走向灭亡的那一刻,都一直致力于发行货币。但是这些硬币却无法发挥它们曾在黄金时期所起的作用:促进商品交易以及服务活动。货币在中世纪早期更多的是起象征性作用,而公民和农民的日常贸易再一次依赖于自然经济。压印发行的硬币质量非常差,而且波动性很大。它们很容易被伪造,而且由于市场上信任不足和约定俗成的惯例,卖家常常拒绝将硬币作为支付手段。直到公元10世纪,一个稳定的货币体系才再次出现。

印有法兰克国王肖像的索利都斯金币,约制于公元539年。

中世纪货币 |

狂妄的提乌德贝尔特

一位又一位统治者试图复制古罗马货币体系的成功。中世纪早期的欧洲大陆有三种货币制度。第一种货币是拜占庭金币。拜占庭金币虽然是对传统的继承，但它的制造方式却比以前更加原始，而且不具备足够的经济作用。但它的影响范围远超帝国内部，在巴尔干地区和意大利南部地区均有流通。第二种货币在伊斯兰地区逐渐发展成型，其中还包括8世纪的伊比利亚半岛。第三种货币则属于墨洛温王朝，它成功地抵挡住了来自中欧其他货币的冲击。

然而，对古罗马货币制度的模仿带来的却总是不良货币和腐败政权的灾难性组合。曾公开质疑东罗马皇权的墨洛温王国国王提乌德贝尔特一世（约500年—547年，自533年起在位）就是一个鲜活的例子。他曾发行过印有自己肖像以及"我们的王提乌德贝尔特，胜利者"（Dominus Noster Theudebert Victor）字样的索利都斯金币，而这实际上是东罗马帝国皇帝的专属特权。类似的行为远不止如此，他在征服阿尔勒地区（Arles）之后引入了效仿罗马帝国模式的马戏团，以供自己消遣娱乐。在一封写给拜占庭皇帝查士丁尼（Justinian，483年—565年，自527年起在位）的信中，他甚至说自己的帝国范围北至波罗的海，西南则一直延伸到西班牙，东至今天的匈牙利。然而这一切终究只是纸上谈兵，提乌德贝尔特一直避免与东罗马帝国发生军事冲突。历史上，他们也只有过一次交锋。

| 全球货币进化史

教皇利奥三世在圣彼得大教堂为查理大帝加冕。图为19世纪的蚀刻版画作品。

中世纪货币

当时的著名历史学家普罗科匹厄斯（约499年—565年）认为这样的傲慢是致命的：提乌德贝尔特试图让自己的索利都斯能够在任期内得以留存，并作为宣传手段在其他各个国家得以流通。但这种完全没有贸易与经济生活作为支撑的货币注定无法取得成功。他无论发行多少新的硬币，都无法将罗马人的索利都斯赶出市场。这个国家不存在能够为货币创造使用空间的劳动分工、生产作坊或交易市场。那么这些货币最终会流向何方呢？它们只能被掩埋在一堆堆的宝藏之中。

查理大帝的货币体系

西罗马帝国灭亡以后，被各个日耳曼民族统治，冲突、战争和嫉妒成为这一时期的主旋律。直到8世纪，法兰克国王查理大帝（742年—814年，自768年起在位）才将日耳曼民族团结到一起。他以建立一个统一帝国为目标，成功地复兴了古代律法、文化以及教育体系。教皇利奥三世（约750年—816年，自795年起成为教皇）在800年的圣诞节，在罗马为查理大帝加冕。

正是基督教将这个多元化国家的民众联系到了一起，而帝国自10世纪起所用

印有查理大帝像的索利都斯金币。他在硬币图案上很少称自己为皇帝，而多数时候称自己为法兰克和伦巴德国王。

的名字——"神圣罗马帝国"也比其他任何东西都更好地体现了这一点。这也体现了统治者想在传统的古罗马帝国基础上发展的愿景。加冕仪式具有难以超越的象征意义，巩固了查理在欧洲权力结构中的核心地位。

加冕仪式举行时，古希腊与古罗马的硬币已经在这片日耳曼领土上流传了数百年之久。随着种族迁徙而来的硬币却变成了珠宝项链，被挂在脖子上或是长期保存在宝箱里。虽然查理大帝致力于恢复罗马鼎盛时期健康运作的货币体系，但当时缺乏一种能够顺利重新引入这种货币制度的社会秩序，尤其是新帝国的部分领土并不在旧罗马帝国的领土范围之内，那里的居民从未体验过除自然经济以外的经济模式。

然而，查理大帝仍旧成功地为这些被当作宝藏埋入地下的贵金属注入了全新的活力。因此，他通常被认为是"新货币的创造者"，尽管他的父亲丕平三世（Pippin III，714年—768年，自751年起成为法兰克国王，建立加洛林王朝）早已开始统一当地的各种货币，并且重新确立了皇家独有的造币规定——这一点与墨洛温王朝完全不同。丕平为了形成集中的货币体系，开始发行轻薄的银币，并且不再铸造厚重的金币。查理则在此基础上，将这种新的银币扩散到了自己统治下的整个新帝国中。而作为帝国唯一的统治者，他自然将自己的名字和肖像刻在了银币上。即使是那些拥有独立造币权的地区也被强制发行印有查理名字的统一硬币，尽管这种硬币的外观在各地区间仍会存在差异。随着时间的推移，加洛林帝

中世纪货币

国内大约有80座造币厂，确保了新硬币在查理的帝国内均匀分布，并能发挥应有的作用。查理大帝为了纪念自己在公元800年被冕为罗马皇帝，还发行了纪念币，这是自古罗马帝国灭亡之后的第一次尝试。这位帝王显然理解了硬币在古希腊、古罗马时期作为交流手段以及身份象征的重要功能，并将它们带到了自己的"新罗马帝国"中。自此，他成功地通过统一的货币体系将整个帝国联系到了一起，正如古罗马的统治者们曾经做到的那样。

查理大帝建立的货币体系中包括先令和镑，它们此前仅作为质量和换算单位，以保证货币的稳定性。铸造它们本不是为了发行货币，但它们却逐渐取代了查理大帝的银第纳尔。1镑等于20先令或240第纳尔（自10世纪起又被称为"芬尼"）。

教会权威的象征：1300年，弗赖堡大教堂的外墙上刻有面包尺寸，作为周边市场的标准，以防止市民发生纠纷。

路易一世（虔诚者路易）肖像，查理大帝的儿子和继承人。图为1845年的钢版画作品。

查理大帝的货币体系对帝国边界之外的区域也产生了深远的影响。流通时间最久的地区是英格兰，它贯穿了整个所谓的十二进制年代。该货币体系由学者、查理的宫廷教师阿尔琴（Alkuin，约735年—804年）传入英格兰之后，甚至连金额划分都从未被改变过。直到1871年—1875年，英国人引入了帝国的马克，二进制（也包括十二进制）系统才逐渐被取代。但直到1971年，英国才改用十进制。

当我们将这种经济秩序与当时普遍存在的混乱的货币体系进行比较时，就能更好地理解全新的货币体系给经济的蓬勃发展带去了多少驱动力。除奉行自然经济的地区外，欧洲当时的货币状态只能用混乱来形容。仅法兰克王国就有超过900间造币厂，每个造币厂各自制造着不同的货币，这让区域间贸易完全无法开展。

新的第纳尔给商人带去了安全感，因为这些货币在整个帝国都得到了认可。然而，在很长一段时间内，经济结构仍处于崩溃状态。长久以来，人们都通过自给自足的方式生活。民众必须从零开始建立一个买卖沟通网络，因为这是劳务经济形成的前提。而且，针对实物产品的税收制度也需要进一步完善，士兵们必须自己解决食物问题，而皇帝和他的朝臣们也只能使用从各地农庄缴纳的"税收"中保留的储备物资。新的服饰、修复车辆的材料和食物供应都来自这些储备物资。当一处库存用尽时，他们就必须前往一个新的地区。

教会：国中之国

那么硬币都去了哪里呢？硬币成为教会的藏品，这在当时十分常见。然而，教会人员和普通民众一样，并不知道该如何处理这些硬币。他们甚至不能用硬币购买弥撒酒，而只能自给自足。因此，教堂收藏的硬币大多被熔化再造，用于装饰祭坛、文物和教堂塔楼。

在查理帝国内获得更大权力的教会成了整个社会秩序的中心。与垂死的城市形象形成鲜明对比的是，这个时代的教堂散发着壮丽辉煌的光彩。货币在这里被当作宝藏收集起来，教会人员将自己种植、生产获得的收入以及收到的实物捐赠分发到每个社区。在这里，无论是偏爱奢侈生活的大主教，还是简朴谦卑的苦行僧，都是政府的工作人员。他们承担着各个领域的社会服务工作：卫生、教育、扶贫，当然，还有公共管理。但由于捐款和捐赠物具有不稳定性，所以若单纯依赖它们，这些社会职能很难长时间维持。因此，更重要的因素在于教会自身生产商品和食物的能力。为此，教会需要大量的地产，而这正是教会几个世纪以来成功累积的资本。在14世纪欧洲的众多国家中，教会占有总土地资产的一半左右。教会变成国中之国，逐渐形成了独立的粮食、商品和社会服务供应体系。

凭借这些权力与财富，主教对民众的吸引力不再局限于宗教信仰。每一位权力拥有者都早早做好了准备，以便自己的子嗣能够成为主教。而他们自身的基督教信仰也只是次要的：一个高阶教会职务不仅能提供经济保障，更能带来巨大的社会影响力和更多政治选择的可能性。这是因为整个帝国的基石都源自教会。

在提供供给的教会和贫困百姓之间担任调停角色的僧侣也在教会的繁荣发展中发挥了不可低估的作用。修道院除照顾穷人外，还要尽其所能地增加自己的产量。它们往往成了创新中心，全新的农耕手段和畜牧养殖方法、先进的制造技术和前沿的理论知识都在那里萌芽。僧侣们的参与是其中不可或缺的部分。

教会的力量在快速增长，主教不再只是一位无处不在的土地所有者，而是通过高效的生产方式成功实现了农产品和手工制品的盈余的创造者。这些盈余会被拿到临近的城镇进行交换。有趣的是，教会在一个没有货币体系的世界里，在一定程度上形成了劳动分工并提高了劳作效率。经历了几个世纪的自然经济模式之后，贸易和市场再次发展成型。随着修道院成为地区内各种商品的供应地，独立商人也如雨后春笋般出现，并在教会的保护下出售自己的商品。货币资金也渐渐在这样的市场中再次开始流通。

教会与国王 vs 贵族和商人

人们很快再次建立起基于货币的经济秩序。但这也导致了帝国内部的紧张局势，因为第纳尔本应该得到整个帝国的一致认同，而商贸助长了各方不同的特殊利益。这一点和以下事实息息相关：重建经济体系的任务并不是由皇帝而是由教会完成的,并且后者从中获得了巨大的政治、社会及经济利益。当然,货币体系的复苏也离不开那些与教会达成交易的商贸伙伴,也就是商人。正是由于这个原因,教会最初斥巨资来保护新兴的商人阶层,并给予其特殊权利。然而商人阶级的崛起也使得他们更加自信,开始为自己的利益提出更多的诉求。

查理大帝的帝国基石源自罗马,他本人更认为自己就是罗马皇帝的直接继承人,而罗马作为天主教会的中心,也可以体现出他帝位的合法性。查理大帝依靠教皇确保其权力主张的事实激起了教会的贪欲:既然皇帝对教会如此依赖,那么教会为什么不能加强自己对皇权的影响?此外,教会还希望取得铸币权。

814年,查理大帝刚刚去世,他费尽毕生心血打造的货币体系就又失控了。他的儿子,帝位继承人路易一世,人称"虔诚者路易"(778年—840年,自813年起在位),虽然试图进一步规范父亲建立的货币体系,但教会仍旧在他的统治下取得了铸币权。由于教会已经拥有了皇帝无法抗衡的力量,所以皇帝也别无选择,只能站在教会一边,共同对抗帝国秩序的反对者们,其中就包括希望个人诉求能够得到满足的贵族们,他们希望和政府、教会一样提高自己的地位。商人们也站在反对者阵营。他们曾得到教会的提携,但现在则希望尽可能地摆脱对这位"社会及宗教双重权利的代表"的依赖。

随着时间的推移,皇帝与教会之间的权力天平越来越倾向教会。而教会拥有了铸币权后则进一步推动了这种关系的转变:因为它成了贸易复苏中最大的幕后推手,所有的资金最终都会流回教会。作为当时最大的土地所有者,教会还能大规模地开采新的白银与黄金,并把它们铸造成硬币。而且人们也不必费心为新硬币寻找贵金属矿山:那些曾被改造成教堂装饰物的硬币现在都被再次熔铸,重新以支付手段的方式登场。

熙熙攘攘的中世纪交易广场。此图为15世纪插图的彩色复制品。

| 全球货币进化史

新兴城市

人们常常将中世纪描绘成一个"黑暗时代",这其实是在扭曲事实。中世纪时期,人们铺平了通往现代货币经济的道路,并创造了值得骄傲的动态经济繁荣。教会的强势地位不仅削弱了国家的王权,也成为经济复苏的催化剂。自11世纪起,商业和手工业再次繁荣发展。而城市资产阶级和城市交易市场的出现以及13世纪劳动分工模式的进一步完善,都为经济发展提供了最大的动力。和平贸易彻底取代了野蛮劫掠。

商会和手工业行会逐渐在各个城市

这幅壁画由西蒙尼·马尔蒂尼约于1320年创作,描绘了圣马丁传说中的一幕。

中出现。统治者与教会共同确保了贸易的正常运作，最重要的是广大资产阶级能够从中获利。从词源上说，"公民"（Bürger）一词源于古高地德语中的"burga"（意为"保护"）。公民的生命安全由城市防御工事保护，此外他们还享有法律所赋予的权利。例如，城市不仅为公民的商业权利提供保障，也为债权人提供法律保护。在城市的保护下，公民获得了在封建制度下完全无法想象的基本自由。因此，出现乡村人口开始外流、越来越多的年轻人在城市中寻求财富的现象也就不足为奇了——尽管其中很多人从来没有获得能让他们取得上述特权的公民身份。

狭长蜿蜒的街道、此起彼伏的噪声、车马扬起的尘土以及辛勤劳作的背影构成了新城市的特征，而随着新商人和工匠的涌入，城市的经济实力得到了进一步增强。正是这一股股"涓涓细流"汇聚成了经济发展的新动力。保持经济活力的方式不再是自上而下的统筹计划体系，而是拥有自我发展意识的个人生活方式。

教会、贵族和自由公民（包括商人、工匠和部分自由农民）之间的权利结构逐渐得到固化，并形成了一套完善的国家权利体系，各个社会阶层在其中都有自己特定的地位。民众不同的家庭出身被视作上帝赋予的阶级边界。在这种僵化的等级制度中，各群体所拥有的权利有着明显的区分。然而这并不意味着他们各自完全独立地运作，实际上，他们的目标以及实际行动总是相互关联的。例如，作为日常商业活动中心的贸易集市总是在教堂弥撒之后营业。即使市场逐渐成为社会利益的焦点，但教会为其提供的基础保护以及在商业蓬勃发展中起到的推动作用仍然可以得到大众充分的认可。渐渐地，"Messe"一词不再仅仅指基督教中的弥撒，也被理解为展示新展品和提供新服务的市场本身。

神圣的货币——世俗的货币

通过开展金融活动,教会将宗教社会和经济生活联系了起来并寻求平衡——后者对于他们而言变得越来越重要。阿西西城内,西蒙尼·马尔蒂尼(Simone Martinis,1284年—1344年)在圣弗朗西斯科大教堂内完成的壁画《圣马丁摆脱骑士与战士生活》,也充分地说明了这一点。艺术家特意用金箔来表现圣马丁的神圣光环,而作品中另一处用金箔来表现的物品便是金币。这些硬币正由一人之手转交给另外一人,而背景中雇佣军们正在领取他们的薪水。在艺术创作中,同样对待神圣光环和金币,简直就是一个丑闻。与此同时,这幅壁画也是教会对宗教与世俗社会影响力的最真实的表现。

哥特艺术:文化与经济的动力源

教会成功地让财富健康地流通起来,教会内部甚至出现了交易员、制造商和借贷人。之前囤积在教堂内的黄金被铸造成硬币,它们流向全国各地,给整个国家的经济生活注入了活力。通过发行货币,教会又取得了新的"身份",拥有了新的职能:银行和贷款方。它现在不仅购买商品,还吸纳知识和工艺技术。通过这种方式,教会不仅积累了物质财富，还增加了其社会、政治甚至军事方面的影响力。最重要的是，它能够利用自己的财力来整合民众对世界的理解。

教会成为智慧的集散地，人们在那里学习、传播和应用知识，为之后的文化繁荣提供了原动力。许多未来的大修道院院长和主教都在博洛尼亚和巴黎的新兴大学接受培训。方济各会和多明我会的修道士们建立起一个遍布欧洲大部分地区的文化科研网络。哥特艺术正是这种繁荣的直接体现，尽管两者的重点似乎有些矛盾：中世纪城市中萌发的新兴建筑风格与其传统的宗教信仰形成了鲜明的对比。自古罗马沦陷以来，所有的生命都变得接地气起来。人们都真实地生活在茅舍或土房之中。天堂、神灵都只存在于那无法企及的高度中。但现在教会建造的新建筑物能够打破这样的距离感。早期相对简洁的哥特式教堂给人们留下了兼具惊叹与恐惧的印象。

教会不仅是新兴城市生活中的一种精神象征，也是其经济基础。这一事实在教会内外的日常生活中都得到了充分体现。新教堂的建造为城市的经济生活做出了贡献，因为它不仅创造了新的工作机会，还吸引着国外的优秀工匠来此一展身手。此外，越来越复杂的施工过程也要求各学科间进行合作交流，来自各地的各个领域的专家汇聚在所谓的"石匠行会"内开展研讨活动。建造大教堂的石匠们也以"圣殿骑士团"之名再次聚集到一起，并遵守一定的道德规范和进行组织安排活动。他们创立了石匠兄弟会（Steinmetzbruderschaft），即共济会的前身，作为理想中的组织上层建筑，以自己的方式和准则来进行管理，并遵守相关秩序。

即使在教堂建成之后，宗教与经济活动之间的紧密联系也没有消失。哥特式教堂被用作仓库、公民咨询中心、仲裁法庭、会议和贸易中心。例如，曾有葡萄酒商人长期定居在沙特尔教堂（Kathedrale von Chartres）。当主教区修道院与斯特拉斯堡市议会就妓女是否应该被允许在大教堂过道中提供服务的问题争论时，他们争论的焦点并不是其中的道德影响，而是如何分配相关的经济利益。

汉萨同盟：世界贸易的蓝图

最初的经济繁荣都局限于本地。农民为最近的城市提供粮食，工匠的产能也仅满足当地需求，商人们主要与城市居民进行交易，跨区域的贸易份额十分有限。各个城市的经济系统都是完全独立的。买卖双方互相熟识，只是偶尔才会使用货币，而这其中多数又最终以"还人情账"的方式进行清算。最终存在的金额差异则通过薄片币（Brakteaten）来解决。这是一种厚度极薄并且只有单面压印花纹的硬币。它并不具备特别吸引人的使用价值，只是一直被用来抵销小额的购买金额和债务。

从12世纪开始，波罗的海周围的商人们开始统筹协调他们的商业活动，并逐渐和其他地区进行合作。汉萨同盟就是这样产生的。该联合组织内的商人们共同承担海运的风险，一起经营贸易路线，从而最大限度地降低运输成本。最终整个城市都运用这种类型的合作方式。14世纪—16世纪，汉萨同盟达到鼎盛时期，加盟城市最多达到200个。

中世纪货币 |

1500年，汉萨同盟城市繁忙的港口。20世纪的彩色打印作品。

| 全球货币进化史

汉萨同盟改变了中世纪人们的生活。原本属于传统贵族和教会的政治权利和个人影响力——至少在城市中——被转移到了城市新贵以及经济富裕的公民身上。这也体现了汉萨同盟城市日益增长的政治影响力,尽管人们对于汉萨同盟的最初设想仅仅是将其作为一个纯粹的商业组织。这些城市反对整个帝国的集权统治,并能够针对王国以及侯爵领地发动贸易及经济封锁,以此来贯彻自己的利益诉求。人们通过这样的施压手段通常可以达到目的——汉萨同盟只有在少数特殊情况下才会采取军事手段。例如,在1361年—1370年,文德商圈(der wendische Hansestädte)的城市(吕贝克、汉堡、基尔、维斯马、施特拉尔松德、罗斯托克、格赖

柯克船(Koggen)加上巨大的方帆是典型的汉萨同盟标志。
图约为1480年的绘画作品。

夫斯瓦尔德和吕纳堡）与丹麦王国发生了两次军事冲突，以争夺瑞典南部斯堪尼亚旧省的统治地位。另一个例子则是汉萨同盟通过1469年—1474年的汉萨-英国战争捍卫了自己在波罗的海商贸中的主导地位。直至15世纪末，汉萨同盟控制了欧洲北部从东至西大部分地区的商贸活动。

吕贝克曾一直被当作汉萨同盟的"首府"，但这一特殊地位并没有赋予它相对其他城市而言有什么不同的特权。事实上，也没有任何一座城市获得过更高级别的权利。汉萨同盟是由共同利益驱动的平等世界贸易联盟的原型。1376年，德国北部城市加入了所谓的"文德货币协会"，并同意使用来自吕贝克的"维腾币"（Witten）作为统一货币。这种在质量、成色和外观上都实现标准化的4芬尼硬币将吕贝克的特殊地位体现得淋漓尽致。该协会一直延续到16世纪，其硬币的特征是十字架花纹上的一颗六角星。这种硬币甚至在汉萨同盟城市之外流通，德国北部地区的其他城市都争相效仿发行。自1385年起，由莱茵河商圈的4个城市组成的、与汉萨同盟类似的"莱茵货币协会"在西部地区成立。

所有参与的城市都能从这个复杂的贸易和货币网络中获益。汉萨同盟的商人在布鲁日、卑尔根、伦敦和诺夫哥罗德建立了4个所谓的"汉萨商站"，进一步向海外扩大了同盟的影响范围：南北轴线上，从莱茵兰到卑尔根；东西方向上，从伦敦到诺夫哥罗德。所有的贸易交流都由它们主导。有趣的是，这样的发展也给民众的购买行为带来了本质上的变化：像布鲁日这样的交易中心，吸引着来自世界各地的交易商，他们聚集在这些汉萨商站中采购和销售商品。交易双方不再是生产者或经销商和终端用户，而是经销商和批发商，后者又作为经销商将商品带到其他城市和国家，并在那里进行销售。

城中有华丽的贵族建筑和繁华的港口，隶属于同盟的柯克船往来其间，这就是汉萨同盟经济动力的直接表现。但贸易也加大了贫富差距：它为许多人创造了工作机会，但只为少数人带去了财富。港口临时工的生活环境十分恶劣，他们住着最简易的木房，只有屋顶洞下的一堆明火为他们提供温暖和些许的光。而商船上也存在残酷无情的"食物链":体力工作在富民看来是粗俗无礼的,而且船上的厕所也仅供船长和商人使用。水手们只能在最艰苦的条件下生活和工作。那些城市新贵所提出的神圣天命实际上呈现的是社会的分裂:一些人可以通过贸易收入维持自己的优越生活,以钱生钱;另一些人则必须每天艰苦劳作谋生。

十字军、圣殿骑士团和第一家银行

当汉萨同盟为欧洲北部地区带来巨大的经济增长之时,十字军东征则为南部地区的发展提供了重要的动力。他们不仅出于宗教动机,同时也追求战略及经济目标。虽然许多参加十字军的信徒都坚信他们是为了教会与上帝的荣光而参与这场神圣的战争,但这也不影响他们为西方世界带回新的财富。那些没有继承权的侯爵子嗣通常无法在教会中谋得职位,因此十分热衷于通过参加十字军获得财产和领地。

随着君士坦丁堡被征服,第四次十字军东征结束。
欧仁·德拉克洛瓦(1798年—1863年)于1840年创作的作品。

中世纪货币

在中世纪，曾经活跃的地中海海上贸易基本销声匿迹。一方面，这与罗马帝国没落造成的权力真空有关；另一方面，当时海盗横行，跨区域贸易航路被他们完全控制。热那亚、比萨和威尼斯等意大利海上共和国城市希望利用十字军东征重建地中海与东方之间的贸易路线。十字军东征的宗教内涵使地中海贸易霸权的归属问题显得无足轻重。这一点在威尼斯水手和士兵参加的第四次十字军东征（1202年—1204年）中尤为明显。本该进攻埃及的军事行动却最终攻陷了君士坦

丁堡。这座位于博斯普鲁斯海峡（Bosporus）的基督教中心被洗劫一空。被掠夺的珍宝落入了昔日盟友——威尼斯之手。由于长期的意见不合和不断的军事冲突，威尼斯成为君士坦丁堡的敌人，尽管威尼斯曾是与其并肩作战的伙伴。十字军东征的物资消耗异常之大。军队常常在后方没有建立供给线的情况下穿越整个国家，因此他们只能依靠海路保障供给。战时建立起来的海上供给通道日后成为通往东方的贸易通道。威尼斯和热那亚等港口城市为这项物流供给工程提供了大量资金，以确保自己对其的长期控制。事实证明这项战略是成功的：虽然基督徒征服东方失败了，但整体的商业体系却幸存了下来。

在叙利亚海岸安家的骑士们在东、西方均拥有财产，因此他们会为两边带去巨大的商业需求，而当时法国南部地区和意大利北部地区稀少的劳动力也只能勉

圣殿骑士的财产遍布全欧洲。图为中世纪西班牙圣殿骑士团位于蓬费拉达的堡垒。

这块19世纪的木刻版画描绘了1313年的最后一位高阶圣殿骑士雅克·德·莫莱在巴黎被烧死的场景。腓力四世宣称,这是为了保护基督教信仰免遭异端邪说的影响。

强满足如此繁重的跨海贸易。十字军作为客户的可靠性则给交易带来了另一针强心剂。来自威尼斯或热那亚的工人不会再因为货物的物流周期长、资金到位慢而望而却步。而当骑士们可以使用自己在西方的部分财产订购商品时,整个贸易流程将会变得更加顺畅。

骑士们也因此面临一个巨大问题,同时也是一个幸福的烦恼:自己在两地都拥有固定资产,但两地相距甚远。如果从意大利订购货物,并现场支付了所有费用,那么流动资金必须马上补充。因为骑士们在地中海掌握的贸易环节越来越多,所以希望尽可能地减少财产在各种交易场所之间转移的次数。唯一合乎逻辑的结果就是发展货币和银行系统。

各骑士团,例如在第一次十字军东征(1096年—1099年)后成立的圣殿骑士团,一同开创了一个名副其实的银行王朝。许多人都想把自己的钱委托给一家被强大骑士团保护的银行,这也是它能够蓬勃发展的原因之一。而骑士团早期就有将自己辖区内的收入运送回圣地的任务,并将那里的宗教寺庙当作国库使用。当时东方的产能要高于西方,因为人们希望在贸易中获取更多的利益,所以需要给东方提供更多的财政支持。这种做法正是未来银行业务的核心,并且很快扩展形成了贷款业务。侯爵与教会也经常通过向骑士团银行贷款来资助自己的交易。新兴的信贷模式意味着经济交易的出发点不再是现有的商品,而是货币借贷。在地中海地区的很多地方,资金流已经走在了实际交易之前,而这种贸易方式逐渐向西北部的布鲁日和伦敦等城市扩展。

这些骑士银行家起到了和古希腊时期的货币兑换商类似的作用。他们同样解决了货币多样性带来的问题,但其方法并不是通过将外国硬币兑换成本国硬币,而是在接收外国货币金额后签发一份其贵金属总价值对应其他某一特定货币金额的汇票证明。汇票的拥有者能向其他银行家——无论是本地的还是其他城市的——证明自己的信誉度。汇票基于硬币的实际金属价值产生的可比性,使其成为一种广受欢迎的支付方式。汇票往往不需要再次兑换,而是直接作为货币金额的替代品进行流通,其运输的便捷性是笨重的硬币所无法比拟的。

这个成功的体系自然令人羡慕。骑士团的财力以及军事实力也令许多统治者感到不满。政府统治的权威性变得越来越重要,这些国家的统治者自然不愿意看到跨国宗教骑士团也在不断地扩大自己的影响力。因此,人称"美男子"的法兰西国王腓力四世(Philipp IV,1268—1314年,自1285年起在位)倾尽全力对抗圣殿骑士团——这也许还因为其本人未能得到骑士团的认可。1307年,他下令同时拘捕全部圣殿骑士团成员,并使用酷刑折磨他们,以此获得了极其荒谬的口供,最终在所谓的"圣殿骑士审判"中判处他们死刑。教皇克勉五世(Clemens V,1264年—1314年,自1305年起出任教皇)迫于国王的压力不得不牺牲圣殿骑士团,并成为第一位隶属于国王的教皇。随着一次政变突袭,第一个欧洲银行体系被彻底粉碎。

中世纪手稿中的意大利银行家。

中世纪货币

意大利银行的崛起

其他人很快也踏足了这片自由天地：来自比萨、威尼斯、维罗纳、热那亚和佛罗伦萨的意大利家族也开始进入货币市场。人们称这些城市的人为"伦巴德人"（Lombarden），虽然在地理上不太正确。起初，贷款被人们理解为支付金钱来换取债务人的未来收入作为回报。这种"抵押"的利率是固定不变的，因此至今仍被人称作"伦巴德利率"。教会影响力在当时已明显下降，而国家政权尚未成熟，这些家族充分利用了这段权力真空期，并首次建立了独立的银行体系。这套体系的主要客户来自左邻右里，其发展动力源自私下的交易网络。这些银行家并没有扎根于宗教寺庙或受军队保护的船队，而是出现在交易的发生地和切实有货币需求的地方。在此期间，"banco"（银行）一词变得越来越常见，它的起源正是基于货币交易商坐在市场或展会的长椅（Bank）上为到场的贸易商提供服务。

英国诺贝尔金币，用于纪念斯柳伊斯海战的胜利。而所谓的"船币"（Schiffnobel）的图案描绘的就是爱德华三世在一艘被海浪包围的舰船上的情景。

与营业点固定的骑士银行家不同,这些私人银行家可以随时随地提供货币存取服务。在任意地点进行的存款都会以信函的形式记录下来,人们只要向其他本地银行家出示此信函,便可取得相同金额的贷款。资金的流动越来越快,这提高了所有与之相关的交易的收益率,而不仅仅是商品贸易。这自然引起那些权利拥有者的猜疑,其中无疑也包括那些骑士银行家。私人银行家们当然很清楚这一点,为了避免冲突,他们必须不断地为侯爵们和国王提供慷慨的贷款服务。然而,如果统治者们长期无法偿还他们的贷款,那么他们就会面临相同的问题:他们应该如何向统治者们执行债权呢?

来自佛罗伦萨的两大银行家族巴尔迪(Bardi)和佩鲁齐(Peruzzi)以及出身卢卡的富雷斯可巴第(Frescobaldi)的家族,出资支持了英格兰国王爱德华三世(1312年—1377年,自1327年起在位)针对法国的战争。自此他们便深深地陷入了泥潭,其最终结果也是致命的:英国国王无力偿还贷款,导致银行破产。与此同时,法国人由于这几位银行家的叛国行为而迁怒于佛罗伦萨的商人们,拒绝与他们交易。战争的最后,除追求银行利润外什么也没做的佛罗伦萨人却成了这场战争最大的输家。

另外,爱德华三世在1340年的斯勒伊斯(Sluis)海战中击败了法国人,大获全胜。为了纪念这一事件,他还发行了全新的诺贝尔(Nobel)金币——它在未来几十年中成为欧洲西北部地区主要的流通货币。因此,他那糟糕的支付能力似乎也得到了改善。

然而英格兰的声望却因这一事件而受损。英国许多原来的贸易伙伴拒绝与其进行下一步的商贸合作。佛罗伦萨人改从西班牙采购羊毛,英格兰别无他法,只能在弗拉芒(Flandern)开辟新的市场。尽管如此,贸易总量仍急速下降。途经法国的运输路线被彻底封锁,这意味着教堂只能暂时储备资金,等待通往罗马的商路被再次打通。因此,资金的流通率渐渐降低,地中海地区的贸易需求量也在不断减少。英格兰正面临国家破产的威胁。更糟糕的是,法国人学会了英国的海上军事策略,并从1360年开始对英国南海岸发动军事袭击。几十年间,法国人不断地制造威胁,而英国人自己糟糕的经济声誉更是雪上加霜,英国因此遭受了巨大的伤害。

法国的救世主

法国王室的地位也因其信贷负担和巨大的战争支出而变得岌岌可危。1356年,英国人在普瓦捷战役(Schlacht von Maupertuis)中获胜,并成功俘虏了约翰二世(Johann II,1319年—1364年,自1350年起在位)。在此之后,法国人花了整整4年时间才凑齐了所需的赎金。永无止境的战争、流动资金的匮乏、公共秩序的恶化以及本地贵族雇佣兵的贪婪,使得法国社会和经济深陷泥沼:经济低迷,百姓贫苦,浪漫的巴黎也呈现出一幅凄凉的画面。法国国王查理五世(1338年—1380年,自1364年起在位)曾派遣士兵突袭莱茵河。后来他们奉命前往西班牙,希望摆脱这些无法控制的、疯狂的雇佣军袭击。

成功遏制这种经济颓势的是查理七世(Karl VII,1403年—1461年,自1422年起在位)。1436年,法国人从英国人手中重新夺回巴黎。查理七世将年轻有为的商人雅克·科尔(Jacques Coeur,1395年—1456年)带到了这里,并让他负责国家财政。与此同时,科尔还经营着私人银行,为贵族提供信贷服务。1438年,他又被任命为财政大臣(Argenterie)。科尔不断扩大的政治影响力也使他成为国王以及其他贵族的"眼中钉"。但是他懂得如何让自己立于不败之地。首先他以个人名义为国家提供贷款，使国家的税收收入实现了增加，这为英法百年战争（1337年—1453年）这段艰难的时期创造了一个稳定的经济环境。科尔将一部分税收收入化作自己的私人财产，进一步提升了自己的经济实力。其个人资本与国家财富在各领域都有交集，只要他掌控的经济列车仍在向前奔驰，就没有人能够撼动他的地位。但在百年战争即将结束之时，情况发生了改变，此时的他已经不再那么重要：国家支出下降、基本建设需求减少，一些嫉羡其财富的人——可能就是国王本人——都急于摆脱不再不可或缺的科尔。1451年，一次阴谋陷害彻底摧毁了他：科尔被指控为暗杀国王情妇的罪魁祸首。他本人十分清楚这一指控毫无根据，也知道还有一系列关于他私人与公共财产关系的指控在等着他。谋杀罪的指控虽然最终被撤销，但其余14项指控却一直处于调查状态。他被判监禁，但在1456年得以逃脱，并无奈地选择离开这个国家。

科尔是帝国重组货币和财政体系的核心人物。他成功地消除了劣质货币带来的不良影响。在几十年前沦为蛮族牺牲品而萎靡不振的巴黎，也再次发展成为规模空前的商业和金融中心，并拥有20万居民。科尔建立的国家财政体系运转良好。这是欧洲历史上第一个将国家财务状况与国王意志分离的财政机构，它为法国经济带去了安全与稳定，而由此产生的经济繁荣也使法国成为欧洲重要的政治力量。

极具影响力的国王顾问
15世纪的法国商人兼财政大臣雅克·科尔的雕像。

中世纪货币 |

NEINTEN·TAG·IANVARI·IM·1498·IAR·IN

从文艺复兴到启蒙运动时期的货币体系

美第奇家族的崛起

"朕即国家"

重商主义和保护主义

来自新世界的银币

荷兰：贸易世界的新兴力量

现代货币的发明者

密西西比泡沫

纸币的成功之路

雅各布·富格尔（Jakob Fugger，1459年—1525年），16世纪最著名的商人。图中场景发生的时间为他1498年结婚的当天。文艺复兴时期商人的众多画像证明了他们日益增长的社会重要性。

| 全球货币进化史

美第奇家族的崛起

当欧洲西北部地区的经济因为百年战争而陷入瘫痪状态之时,意大利的北部城市成功地在银行业中赢得了领先地位,首屈一指的便是佛罗伦萨的美第奇家族,其成员在罗马、威尼斯、热那亚、君士坦丁堡,甚至是伊斯兰世界都设有银行分支。这张跨区域的交易网使资金流动变得更加顺畅。此外,佛罗伦萨银行还解决了英国教会在法国的商路被封锁的问题,并把获得的收入上缴给罗马教廷。英国教会将收入存入本地的银行,接着罗马分行会把相应的金额交付给罗马总教廷。美第奇家族不是简单地为教皇服务。实际上,美第奇家族在1413年—1415年这短短的两年时间内,将整个教廷的财政切实地掌握在了自己的手中。

一枚16世纪的印有极具影响力的佛罗伦萨政治家、银行家以及艺术赞助人柯西莫·德·美第奇头像的金币。

教会认可的赎罪券买卖。图为16世纪的木版画。

没有任何政治基础及贵族背景的家族首脑柯西莫·德·美第奇（Cosimo de' Medici，1389年—1464年）成为佛罗伦萨的政治风云人物。1434年，他被任命为"僭主"（Gran maestro），即非官方的国家首脑。除追逐经济和政治权利外，他还充当赞助人的角色，把大量的精力放在了艺术和科技投资上。货币贸易中的大量收益在很大程度上流向了艺术和科研领域。菲利波·布鲁内莱斯基（Filippo Brunelleschi）、米开罗佐（Michelozzo di Bartolomeo）、菲利普·利比（Filippo Lippi）和多那太罗（Donatello）都是他曾资助过的艺术家。此外，他还在1436年出资修建了佛罗伦萨的圣马可修道院（Kloster San Marco），在1444年又捐赠了世界上第一座向民众开放的图书馆——美第奇-老楞佐图书馆（Biblioteca Medicea Laurenziana）。与此同时，他还和自己同时代的富豪们一起发掘、收藏了古罗马的文化瑰宝：自柯西莫起，美第奇家族数代成员收藏了大量自己时代以及古罗马的艺术珍品，这也组成了如今乌菲齐美术馆（Uffizien-Sammlung）的核心展品。佛罗伦萨也在此期间发展为文艺复兴的中心之一。

美第奇家族的成功是那些年经济繁荣的最好注解。1300年左右，它仅仅是一个普通的商人家族，而在一百年后，就成为最强大的银行家族。其家族推动了艺术和科学的发展，为仍深陷哥特式风格的中欧奠定了文艺复兴的基础。再过一百年，利奥十世（1475年—1521年）在1513年成为美第奇家族的第一位教皇。带着银行家精神上任的他，通过资助圣彼得大教堂（Petersdom）的建造工程，向我们展现了当时新罗马人的自我意识。利奥十世虽大力推广艺术与科学，但也喜欢简单的娱乐。他总是举行大型庆典，享受被小丑簇拥狂欢节游行的乐趣。利奥十世遵循的座右铭是："既然上帝赐予了我们教皇这个职位，就让我们享受它所带来的一切。"资金不断涌向罗马，它才是这座城市真正的主人。与其他众多文艺复兴时期的教皇一样，利奥十世也并不是特别虔诚，但也确实曾说过"全世界都知道基督教义给我们带来了多少益处"这样的话。尽管这听起来更像是一则会给教会带去极大利益的民间传说。

虽然罗马天主教会的这种新的奢侈风格遭到了欧洲其他地区的批评，但教会仍旧通过出售赎罪券为罗马赢得了大量资金。当时的消息称，每天有两名侍从夜以继日地工作，因为只有这样才能把信徒们放在圣彼得大教堂祭坛前的硬币收纳入库。曾经随着罗马帝国的衰落而散落各地的金币和珍宝也逐渐被送回罗马。

"朕即国家"

中世纪晚期，人们开始更深刻地理解货币以及现金流的特性。财政官员与银行家们不再只是简单地记录资金流向与现金储备情况，也开始了解其中随时间波动的规律。人们希望可以运用这种知识引导货币流通，从而达到增加国家以及统治者财富的目的。

法国的科尔改革使国家在百年战争结束后迅速步入正轨。这场影响深远的战争结束之后，其他欧洲国家不得不组织重建工作，法国则已经拥有了一套行之有效的国家行政管理策略。在法国，除非贵族们已经濒临破产，不然只能在有限的范围内享受新经济体系下的特权。税收收入不再与贵族头衔挂钩。商人与金融家们成为国家的新一代精英。其原因在于，作为税务管理人，科尔税收策略的常见做法便是将一部分收入为己所用。换句话说，他们可以以私人的身份买下代表国家征收税款的权力。对于这些税收收益承租人而言，这种模式的回报相当丰厚。

在法国，胡格诺派（Hugenotten）总是担当税收收益承租人的角色，而在德国，这样的角色大多数是由犹太人担当。货币贸易为他们带去经济成功的同时，也总是会引起社会排斥。对银行家们"不道德"财富的嫉妒和羡慕常常伴随着宗教属性的仇恨，而这种冲突绝不会随着承租人收益份额的进一步增加而得到缓解。承租人变得越来越富有，而国家只能进一步节省开支。这些承租人常常会有计划地

向国家放款,这也进一步增加了国家的经济压力。

1643年,年仅5岁的"太阳王"路易十四(Ludwig XIV,1638年—1715年)登上王位,正是他终结了之前的金融体系。他于1651年举行成年礼,在接下来的几年中逐步扩大自己的权力,还解散了大部分原有的政府机构,并解除了自己的生母——奥地利的安娜(Anna von Österreich,1601年—1666年)的摄政职务。然而当时的红衣主教儒勒·马扎然(Jules Mazarin,1602年—1661年)仍是枢密院首席大臣,他才是真正的国家统治者。

直到1653年,时任总检察长(职阶类似于司法部部长)的尼古拉斯·富凯(Nicolas Fouquet,1615年—1680年)出任财务大臣时,马扎然才拥有了一位强有力的竞争对手。富凯的新职位要求他操作及调用资金解决王室的债务问题,以至于连马扎然也不得不求助于他。与此同时,富凯还与那些借钱给国王的金融家、大银行家进行巧妙的谈判。与科尔一样,他也常常将自己的个人利益与皇家财政绑定在一起。这是非法的吗?很有可能是的,但他利用自己总检察长的职位排除了一切对他可疑财务行为的调查。

他在自己的沃子爵领地上修建了一座华丽的巨大私人宫殿,为此甚至购买并拆除了两个小村落。1661年,富凯还

路易十四,专制主义的最重要代表。这幅19世纪的木版画展现了1655年身着狩猎服的"太阳王"在议会众人面前亮相的场景。

在那里为国王举行了一场盛大的宴会,其豪华程度令路易十四下定决心摆脱这位财政大臣。富凯听信了自己将接任已故首席大臣马扎然的职位的说辞,同意辞去总检察长的职务。但他却因此失去了保护自己免受起诉的特权,最终因腐败被捕。空缺了几个月的首席大臣职位则一直没有新的人员上任,路易十四宣布自己将成为自己的首席大臣。新的国王拥有绝对权力的时代也就此开启。太阳王的绝对主义座右铭——"朕即国家!"(L'État, c'est moi!)也清楚地表明了这一点。

重商主义和保护主义

路易选择了自己的心腹让·巴普蒂斯特·柯尔培尔(Jean-Baptiste Colbert,1619年—1683年)作为富凯的继任者。柯尔培尔用严格的管控稳定国家财政。法院甚至开始调查税收收益承租人的非法收入——在大多数情况下这都是一项非常简单的任务。其中有些人受到了严厉的判决,但如果他们愿意放弃自己的大部分财产,就仍能得到赦免的机会。大多数人最终只留下了极小部分的纳贡收入。数以千计的税收收益承租人被定罪,这也意味着在这次清洗行动之后,法国国库将是空无一物的状态。

柯尔培尔从零开始,对他来说开展对外贸易格外重要。只有在商贸得到发展的情况下,法国的经济才能重生。但只有当外贸收入高于进口支出时,贸易才能为本国带来资金。柯尔培尔对国际贸易中的资金流向有着清晰的认识,他明白自己的目标只有那些即使被征税也依旧不会在和外国供应商的对抗中居于下风的本地行业。此外,他还意识到,对国外商品加征进口关税会进一步增强国内商品的竞争优势。与之相对的,减少出口关税将进一步拓宽本国的商业路线。根据柯尔培尔所倡导的国家主导经济的发展模式,日后的人们引申出了"重商主义"(Merkantilismus)一词。

此外,柯尔培尔还提出了"手工作坊"这一概念。这是历史上第一次将商品的增值过程细化成一个个加工步骤,各步骤在同一工坊内按顺序完成。此前,法国无法提供在质量和价格上能够与外国商品相抗衡的产品,而现在更有效的加工方式彻底改变了这一局面。越来越多的外国技术工人被招募到法国来工作。

荷兰与英格兰不断提升自己的海军力量,这让柯尔培尔意识到了海上贸易以及与非欧洲地区通商的重要性。他陆续建立了东印度公司和西印度公司,以此确保法国在亚洲和北美地区的贸易垄断及其他殖民地权利,其权利甚至包括拥有武装军队的权利、独自行使管理权和造币权。柯尔培尔修建造船厂,创办海军学校,扩

法国政治家让·巴普蒂斯特·柯尔培尔的肖像,此为克劳德·勒费弗(1632年—1675年)的作品。

大港口面积,强迫奴隶以及本国同胞(包括囚犯)在新船上服役。这一切都是为了让国内商品在吸引力、质量和价格上击败外国商品,并销往世界各地。如果百姓仍在购买和加工外国商品,或是想去国外工作,就会面临严厉的处罚。

重商主义为法国带去了经济大发展,但从长远来看,却使整个欧洲范围内的贸易结构瘫痪,因为法国总是在避免进口贸易。法国人认为,贸易平衡以及国库

储备充裕就足以支持本国蓬勃发展,换句话说,只要现有资金充足,就能稳定发展。然而这样的想法是错误的,这种发展效果只在短期内有效。从中期来看,当大量货币没有稳定的生产增长支持时,社会就会面临通货膨胀的威胁;从长期来看,其最终结果便是整体经济衰退,因为当多个国家都出于自身利益遵循这样的贸易策略时,其影响是致命的。国际贸易将停滞不前,销售市场份额也将逐渐减少。在17世纪的荷兰与英格兰,人们已经意识到,重商主义只有在政府放松管控的状态下才能发挥最佳效果。然而,此时的法国仍旧牢牢地陷于保护主义经济体系的僵化形式之中。

16—17世纪,欧洲各国均已各自独立发展。出于经济原因的战争成为欧洲大陆的普遍现象:路易十四自1667年起直至1715年去世,接连参加了多场贸易战。在全新的生产及贸易结构中,发展的本质并没有改变:生产制造主要在国内进行,原材料等则从掠夺的北美的新殖民地中获得(这意味着不必以高价从其他国家进口原材料)。

从文艺复兴到启蒙运动时期的货币体系

这幅约绘于1680年的油画上，展示了巴黎扑克牌制造厂分工合作的场景，清晰地描绘了从印刷到装箱的各个生产步骤。

虽然盲目推进本国经济发展在初期带来了大量的贸易收入，但由于无数次战争的高额支出以及国王的骄奢生活，国家储备并没有取得盈余。柯尔培尔也常常因此指责军备部长。由于国家管控，法国国内市场并未形成良性竞争，这导致其

路易十四废除了《南特敕令》，胡格诺派教徒遭受迫害。图为1900年左右的彩色石版画。

运作效率越来越低。随着其他国家也开始封锁本国市场,法国对外贸易的收入也变得越发不稳定。荷兰和英格兰比法国更成功地应对了这一状况,因为它们并没有完全将经济置于国家管控之下,隶属于大型股份制公司的贸易和生产企业仍旧在各位股东的带领下正常运作。

然而,柯尔培尔仍旧试图保持国家对经济以及物价的绝对控制。最终结果是商品短缺和恶意抬价的黑市出现。路易十四认为是胡格诺派在市场上哄抬物价。他们是加尔文宗创始人让·加尔文(1509年—1564年)的追随者,对金钱有着积极的态度,并认为经济上的成功也是对上帝虔诚的体现。路易十四在1685年废除了《南特敕令》(das Toleranzedikt von Nantes),从而剥夺了胡格诺派教徒的宗教自由。其后果是灾难性的:随着胡格诺派教徒遭到迫害,许多成功的企业家和工厂主不得不离开法国。受通货膨胀影响的法国经济一落千丈。1715年,路易十四去世,为后人留下了一个负债累累的法国。

来自新世界的银币

如果说古罗马与中世纪的繁荣源自商业的发展,那么重商主义加强国内经济建设、打压进口商品的做法一定在其中扮演了极其重要的角色。这种独立于其他国家的内向型体系可以通过从新世界获取商品来实现目标。事实上,美洲大陆的发现改变了一切。英国、法国、西班牙以及荷兰等重商主义国家均在美洲、非洲和亚洲建立了贸易商站和殖民地。他们的目的并不是促进当地的贸易发展,而主要是攫取自己所需的商品,如香料、工业原材料、奴隶或金银资源。当我们谈论路易十四统治下的法国仅专注于国内市场的发展时,一个不可忽视的事实便是:在殖民扩张策略的帮助下,法国的内部市场扩大了2倍。

随着征服者们将从印加人手中掠夺的黄金、首饰运回欧洲,新一轮淘金热潮就此爆发。人们再次燃起了搜寻南美北部地区传说中的"黄金国"(Eldorado)的希望。然而,金矿资源早在印加时代便已耗尽,"黄金国"只是一个传说。但西班牙人还是发现了储量巨大的银矿。自16世纪起,所谓的"西班牙银色舰队"源源

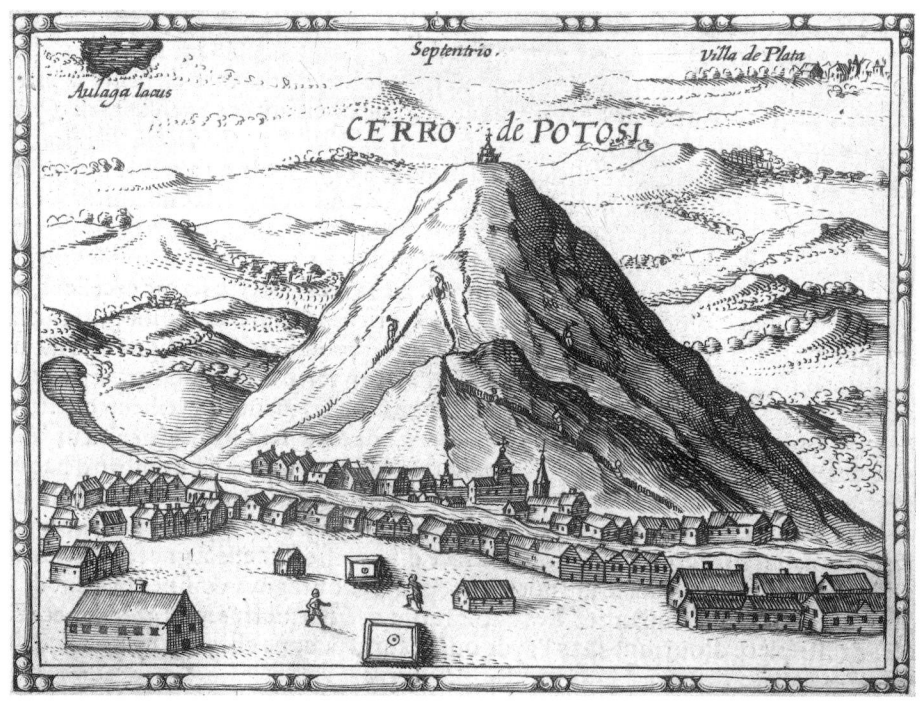

图为17世纪的铜版画,描绘了玻利维亚波托西(Potosí)的银山,西班牙殖民者将大量的白银从那里运回欧洲。

不断地从美洲运回这种贵金属。短短几十年内，从美洲运到欧洲的白银总量已经远远超过了自古希腊时期起整个欧洲大陆的白银开采量。

对于西班牙人而言，美洲的发现是一次成功的投资。那里的银矿使它成为欧洲最富裕的国家。几乎没人敢问原材料的开采以及运输成本是多少。西班牙人一刻不停地在墨西哥的萨卡特卡斯（Zacatecas）和玻利维亚的波托西开采银矿。波托西的银山上逐渐形成了一座繁荣的城市：到1610年，约有15万人居住在那里。这也使得它成为当时世界上颇大的城市之一。但这里除了银矿一无所有。波托西位于今日玻利维亚的中部地区，海拔约为4000米。此地没有植物能够生长，没有牲畜得以存活，人们在这里没有任何东西可以作为生计。他们生活在艰难而荒凉的环境中，几个世纪以来，数十万人死于矿井。而且这座城市提供食物供给的成本非常高。然而，矿工的人数实际上从未超过1.4万人，其余90%的人口其实是以采买为生的。

西班牙银币"Real"发行于腓力二世时期，并在西班牙流通了几个世纪，直到19世纪末，仍是中南美洲的通用货币。

产出的白银先用骡子运送到太平洋沿岸，在那里装船，然后经巴拿马地峡运往加勒比海岸，并在那里重新装船。在所有这些运输步骤的过程中，尤其是最后前往欧洲的旅程，都必须配有完备的保护措施，这些船只的装备往往会使许多侯爵的预算成倍增加。在今天的西班牙仍有一句俗语，即"值一个波托西"（vale un potosí），其含义就是这东西值很多钱。米奎尔·德·塞万提斯（Miguel de Cervantes）笔下著名的虚构角色唐吉诃德（Don Quixote），也提到了波托西的财富。这座城市及其银矿成为西班牙崛起的缩影。西班牙人对它有着极高的期望，但最终未能如愿。

大量进口到西班牙的白银被加工成硬币，而其中大部分资金又立即被投入到了殖民贸易之中。对于很多人来说，开采白银并将它们运回西班牙是一项利润丰厚的业务——但奇怪的是，这并未给政府带来利益。西班牙国王腓力二世（1527年—1598年）自1556年加冕以来，在1557年、1575年和1596年三度宣布国家破产。大量的白银资源用来维持国王放荡奢淫的生活以及高额的军费开支。他没能注意到大量发行新硬币导致了物价上涨的这个事实。所谓的财富增长被通货膨胀吞噬一空，成本与税收负担的增加阻碍了经济的发展。这个白银资源比以往任何时候都丰富的国家，却只能依靠来自新世界的贵金属来维系"生命"，其经济泡沫仍在不断扩大，经济缺口只能通过向国外投资家贷款来填补。腓力统治时期结束之时，他需要偿还的利息占了国家预算的一半以上。

人们依旧认为金钱拥有绝对的价值：更多的银币必然意味着更多的财富，不会有其他可能性，尤其是硬币的质量在此期间并没有恶化——这种状况在更长久的古罗马时期并没有出现过，在货币史上也是第一次。因此，人们在很长时间内都忽略了货币价值的下降，却切实感受到了物价的上涨。和历史上许多其他情况一样，人们在西班牙为这些不言而喻的经济问题寻找"替罪羊"。被告人是控制了大部分生产，并参与了货币贸易的犹太人和摩尔人。1609年—1614年，西班牙颁布皇家法令，将这两个少数民族驱逐出境，官方理由是西班牙作为一个天主教国家，不能容忍其他宗教信仰的少数民族。而这之后的故事就和几十年后路易十四统治之下的法国一样：随着经济支柱的消失，国家自然也就分崩离析。

从美洲进口白银是一个失败的举动，但人们很多年后才真正意识到这一点。直到18世纪，美洲的贸易权才得到了真正意义上的保护，特别是荷兰与英格兰之间的军事冲突，阻碍了双方在新世界的进一步贸易扩张。而西班牙内部也存在有关白银交易的权力斗争。卡斯蒂利亚人率先发现了美洲，并一直试图将加泰罗尼亚等其他地区排除在市场之外。直至1778年，塞维利亚和加的斯一直垄断着美洲贸易：来往美洲的商船只允许在这些港口停靠。塞维利亚港口的黄金塔实际上从未用于存放货币，它只是当地人延续这项贸易的希望象征。

荷兰：贸易世界的新兴力量

在各个贸易场所中，比西班牙人更成功的是那些专注于接收和分销来自世界各地商品的商人。1576年，叛乱的西班牙人几乎彻底摧毁了安特卫普（Antwerpen）。在此之后，阿姆斯特丹在16世纪逐渐发展为新的海上贸易中心。这座城市成了东印度群岛香料的交易中心。当时的里斯本（Lissabon）也有大量的辣椒商贩，但他们并没有构筑一套长期的贸易网络。阿姆斯特丹则不同，它向中欧及北欧地区拓展了广泛的分销渠道。中间商交易带来了高额的利润，其中一部分收益通过税收的方式进入国库。于是当时极度贫困的荷兰走上了经济复苏之路。短短几年的时间里，阿姆斯特丹人就组建了国际性的贷款机构，并拥有了一支相当强大的舰队，无论是在民用领域还是军用领域都取得了相当大的成功。凭借这支强大的舰队、交易资源及其产生的利润，荷兰人现在终于可以跳过原先东亚贸易的中转站（比如里斯本），并最终打破了西班牙对世界贸易的垄断。

荷兰以贸易大国的姿态在东亚取得了强势地位，并进一步建立起一整套利润丰厚的产业。他们用因通货膨胀而在西班牙贬值的银币换取香料。这些银币在亚洲十分受欢迎，因此人们仍旧能够以高价兑换香料。各大型股份公司分管着东亚贸易，而国家仅投入了很少一部分资源。政府基本不参与对外贸易。

荷兰商船从阿姆斯特丹驶出。雅各布·阿德里亚恩斯·贝列沃瓦（约1621年—1676年）的绘画作品。

为什么西班牙人不效仿荷兰模式呢？对放高利贷者和欺诈者巨大的不信任感让他们不敢迈出第一步。相反，西班牙人更愿意相信荷兰人会因为自己宽松的监管模式而失败。西班牙国王选择静观其变，等待着荷兰经济崩溃的那一刻。但恰恰相反，西班牙王室破产了，而荷兰成为世界级贸易大国。外国投资者都愿意投资荷兰的新兴企业，因为他们相信政府不会阻碍其发展。在荷兰，不仅有中小企业用来存款的银行，更出现了投资银行的雏形：他们只接受高额存款，筹集到的资金会立即投入到新的交易活动中。与法国的重商主义者不同，荷兰人并不关心现金储备的多少，而更注重尽快地将资本用于对外贸易的投资。

| 全球货币进化史

现代货币的发明者

让我们把视线拉回到法国:路易十四于1715年去世,当时法国的公共债务总计达35亿里弗尔(Livre),这意味着整个国家要为此支付的利息约为1.45亿里弗尔。这对于王位继承人,此时还未成年的路易十五(1710年—1774年)而言,就是一个不可能完成的任务。

奥尔良公爵腓力二世(Philipp II,1674年—1723年)以摄政王之名代理执政直至去世。面对

图为1720年苏格兰经济学家、金融家约翰·劳的肖像。

122

这样的财务状况,腓力二世也是茫然无措。他首先尝试通过司法手段来否决对政府的各项索款要求,但并没有成功。之后他又下令回收所有硬币,取而代之的是金属含量仅为原先五分之一的新硬币。人们再次试图用降低银币成色的方法来缓解困境,但这一切终究只是徒劳。因此,腓力二世最终把这项任务委派给了苏格兰经济学家约翰·劳(John Law,1671年—1729年)。当时的约翰·劳正游历欧洲,向各国政府提供各种绝佳的融资方案。

约翰·劳被认为是经济学的先驱之一,并被看作现代货币的发明者。他有聪明的头脑、丰富的专业知识以及无人能及的缜密思路。他出色的心算能力让他在社会上很受欢迎。但他同时又是一位我们现在口中所说的"风流浪子"——扑克牌玩家、赌徒和花花公子。

劳出生于爱丁堡,是一位放债人兼金匠的儿子,其职业生涯始于伦敦的赌场。他曾因在一场决斗中杀死对手而被判死刑。但是他最终成功逃到了荷兰,并在那里扩大了自己的知识面。阿姆斯特丹银行构建起的金融机构是西欧第一家市政交易银行,也是中央银行系统的原型,这深深地吸引着这位苏格兰难民。为了简化和促进国际支付,阿姆斯特丹交易银行尽可能多地接收来自世界各地的货币,并将其对应的荷兰盾(Bankguld)的金额记录在案。而后者早已成为欧洲贸易市场上的主要流通货币,这在无形之中实现了无现金资金转移。

辗转多地之后,劳又回到了当时仍旧独立的苏格兰。现在的他身材魁梧,能言善辩,充满魅力。丰富的旅行阅历使他对金融系统有着深刻的理解——这对他来说十分重要,因为苏格兰人正深陷窘境。他成功地赢得了皇室的信任,但其推行的达里恩计划(Darién-Projekt,试图在巴拿马地峡附近建立一个苏格兰殖民地)却以失败告终。国家面临破产。劳又提出金融改革的建议,但遭到了拒绝。苏格兰与英格兰的合并在所难免,而在英格兰仍然是通缉犯的劳也别无选择,只能离开自己的家乡,继续寻找一展拳脚的机会。

最终,这位年轻的经济学家来到了巴黎,并通过赌博积累了一笔财富。在这里，他结识了对国家财政问题束手无策的腓力二世。他成功地让这位绝望的摄政王相信，自己有能力解决这个问题。1716年，劳获准建立了一家私人银行——"通用银行"（Banque Generale）。银行的基础资本通过股票筹集获得，然而买家现金支付的金额仅为总额的四分之一，其余部分则通过购买政府债券的方式完成。就像今天的"坏账银行"一样，这家通用银行接管了政府的大部分债务，并可以为国王提供相对较低的利率。与此同时，政府也能够从银行获得新的贷款，并且不需要提供保证金或是贵金属作为抵押。劳用自己的地产作为担保，并安慰投资者们说："只有土地会给你带来永恒不变的安全感，因为只有它才能够保证持久的收益，而黄金白银的价值在历史的长河中总是会起起伏伏。"

理论介绍到此为止。实际上，这些贷款满足了国家巨大的资金需求。与此同时，当银行现金存款用尽时，就允许发行自己的纸币了。但与早期的融资模式不同，这些纸币没有任何存款或是担保物支持，完全就是经济市场中的"空中楼阁"。但它并没有让民众失去信心，反而被大众接受，这与法国自1717年起认可百姓能够用这种"钞票"缴纳税款有关。银行开业两年后，正式由政府接管——从那时起它便更名为"皇家银行"（Banque Royale）。不断普及的"纸币"就是日后钞票的原型。由于这种支付方式的出现，法国的公共债务在短时间内迅速减少，经济也恢复了增长。

密西西比泡沫

劳将他在阿姆斯特丹银行工作的经验融入他在法国的工作中。正如荷兰人所做的那样,他也打算将银行的存款用于海外贸易投资。法国很早就取得了美洲的殖民地,但从未在经济上很好地加以利用。劳现在想要改变这种状况。早在1717年,也就是银行开业一年后,劳便创立了法国路易斯安那公司(Compagnie de la Louisiane ou d'Occident,俗称"密西西比公司"),致力于从加拿大沿着密西西比河直到墨西哥湾的法国殖民地的商业开发。这家公司几乎没有自有资产,但劳并不担心,因为他的银行已经以这样的模式成功建立起了一个运作良好的货币体系。而他也确实通过一系列巧妙的措施促使公司股价飙升,其中就包括向政府确保自己的商业特权及垄断地位,将新奥尔良市建设成法国殖民贸易的中心,收购几乎所有的其他法国殖民地公司并有意压缩股票发行量。人们对其股票的需求就好似一个无底洞。许多法国人甚至愿意通过向劳的银行贷款来进行投资。

一股投机买卖的热潮席卷了法国。这其实并不新鲜:人们没有意识到投机泡沫的危险,仍旧一次又一次狂热地投身其中。这种情况早在1635年就已经出现。当时"郁金香泡沫"在荷兰肆虐,人们为了买到2—3个郁金香球茎而负债累累。这样的市场注定会崩溃,但人们依旧一次又一次带着巨额回报的遐想(就像密西

图为17世纪末的探险家勒内·罗伯特·卡维亚耶·德·拉萨尔（1643年—1687年）在北美的考察路线图。这片区域的开发为法国殖民地公司——密西西比公司的业务发展奠定了基础。

西比公司那样大幅度增加价值并因此获得高利润入局）。许多人认为自己可以不受限制地获取财富，"百万富翁"一词也正是在1720年左右出现的。大多数人还不清楚，股价持续上涨的背后是国家面临着通货膨胀危机，这些所谓的财富迟早都会消失。对财富的幻想仍在继续：分布在旺多姆公园以及苏瓦松酒店内的160个售货亭全都在买卖股票。这种情况甚至需要警卫出动，才能保证没有人在夜间交易。

劳的计划也遇到了阻力，最高法院从一开始就反对他的密西西比计划。然而无论哪里出现了问题，奥尔良公爵腓力二世都站在劳这一边。在摄政王的支持下，这位银行家依旧是那位出色的投资家。而在被任命为财政大臣之后，他又拥有了新的身份——金融政治家。劳试图引入基于收入的税收制度来取代各种消费税，以减轻低收入人群的负担。但是他推动社会进步的政治尝试却引起了法国封建贵族的猜忌。反对的矛头纷纷指向了劳。

劳的公司也逐渐发展成一颗"定时炸弹"。劳之所以能够引发法国人的投机热潮，是因为他希望法国将精力集中在殖民地的经济发展上。但是这一计划并不成功，最终搬去北美并参与殖民地建设的人太少了。既然可以在家里通过购买公司股票享受殖民地的经济成果，为什么还要远离家乡呢？

密西西比公司的股价从500里弗尔飙升至18000里弗尔，而公司的实际收益预期已无法维持这样虚高的股价。换句话说，股价的高低与公司的真实价值以及发展潜力不成正比。怀疑之声不断蔓延。密西西比泡沫在1720年破裂，并在法国引发了一次巨大的经济危机。股票在人们的恐慌中被抛售，股价暴跌，皇家银行被毁。不仅公司倒闭，而且人们对纸币的信心也在短时间内彻底丧失并持续影响了之后几代人，人们又退回到整整七十年之前的硬币时代。

在愤怒的民众面前，劳也别无选择，只能再次走上逃亡之旅。1720年11月，法国宣布废除纸币，此时劳已逃离近半年之久。1726年，他开始在威尼斯做卖画商人，这位金融经济学家、现代货币的发明者于1729年去世。这样的称谓可能有失妥当，因为毕竟阿姆斯特丹与斯德哥尔摩分别从1609年和1661年就已经开始推行纸币，只是并没有那么成功而已。但是，劳在现代货币发展史中的地位绝对不容小觑：以土地作为担保，使发行虚拟金额远超实际存款金额的纸币成为可能。劳始终坚信，土地在未来终究会带来回报。较之于贵金属价格的波动性和硬币成色的不稳定性，土地能够提供更稳定和更持久的经济基础。因此，每张纸币都包含

着未来的收益预期,其发行流通对所有人都充满了吸引力。尽管劳的公司带来了严重的负面影响,但硬币的时代已经过去,纸币仍长久地存在于整个欧洲货币体系之中。

纸币的成功之路

法国的经济危机导致民众对纸币失去信心,然而这并不是个例,同时期的英格兰也经历着相同的灾难。1711年成立的南海公司(South Sea Company)以替政府分担债务为由,获得了大量发行股票的特权。股价飞涨,公司却因其在北美的金矿开采计划未能顺利进行而无法兑现承诺的分红。所谓的南海泡沫终

1720年,密西西比公司的股票泡沫给法国带来了一场经济危机。这幅铜版画作品展现了当时动荡的场景。

于破灭了:股价暴跌,经济衰退。尽管出现了各种危机与挫折,但是关于银行与货币体系的一套全新概念已经成型。这一概念不再以贵金属储量为基础,转而建立在民众对国家长期经济实力的信心之上。

越来越有影响力的银行及其在殖民地贸易中的全新角色推动了在重商主义下被忽视的国际贸易的发展。18世纪中叶,人人都在谈论"自由放任"(laissez faire)——希望国家不要遏制现在再次释放的市场力量。所有人都试图保证自己在国际贸易中的一席之地,而国家也能够从中获益。他们的收益在不断增加,并第一次形成了外汇储备。然而,日益复杂的资金流和货物流也对更有效的财务管理机制提出了要求。国家退出了市场运作,但同时还需要为新的经济增长点提供一个稳定的环境。随着新的投资机会的出现,农业及手工业的生产效率也大大提高。数百年来的城乡壁垒也就此被打破。货币也成为农村百姓关注的话题,一些精于计算的农场主也可以通过正确的投资步入上流社会。

密西西比泡沫所引发的体系崩塌一直深深地影响着法国。直至1789年,法国大革命才为体系的发展带来了转机。贵族与封建领主统治地位的不稳定性导致大量资金外流。资产阶级是除贵族、教士阶级外的第三等级(Dritter Stand),其虽然控制了土地与生产资料,但缺少有效的管理手段。国家面临破产,而革命政府也看不到推动经济发展的新迹象。但仍旧做出了尝试:通过没收教会财产来减轻国家的债务负担。然而,问题在于如何将这些不动产转换为流动资金。那些有资本收购的富豪早已逃离了这个国家。最终支付给债权人的是所谓的"指券"(Assignat):其价值由待售的房产及土地担保。

随着时间的推移,这些指券逐渐演变成了货币:一场货币革命已悄然到来。最初,人们确实是以生利为目的而购买指券,但由于很少有人真正对土地感兴趣,这一功能很快便被遗忘了。人们更多的是用它们来换取食物、原材料和生产工具。这不是对商品的需求,而是对能够持续推动经济发展的货币的需求——现在一切均已就位。但发行的指券越来越多,其价值也在不断下降。到1795年,其价值仅为初始价值的8%。人们不再接受这种纸币,纷纷开始囤积食物;而以指券作为工资的工人则无法得到属于他们的报酬。

指券是又一次货币政策的惨败?并不完全是,因为它完成了自己最初的使命:改善了大革命时期的混乱局面,并在短时间内确立了一套临时却有效的货币体系。尽管这期间的经济发展程度有限,但政府成功地让全体国民共同承担了原本的国家债务,并得以在指券体系(1796年—1797年)崩溃之后仍旧保有一定的储备资金,虽然这个曾经富庶的国家现在满是穷苦百姓。

整个欧洲正站在现代经济的大门外。随着越来越多的国家建立了中央银行——例如成立于1800年的"法兰西银行"——前现代货币体系中的货币多样性不复存在:本国的货币时代正式开始。

法国大革命时期的指券。

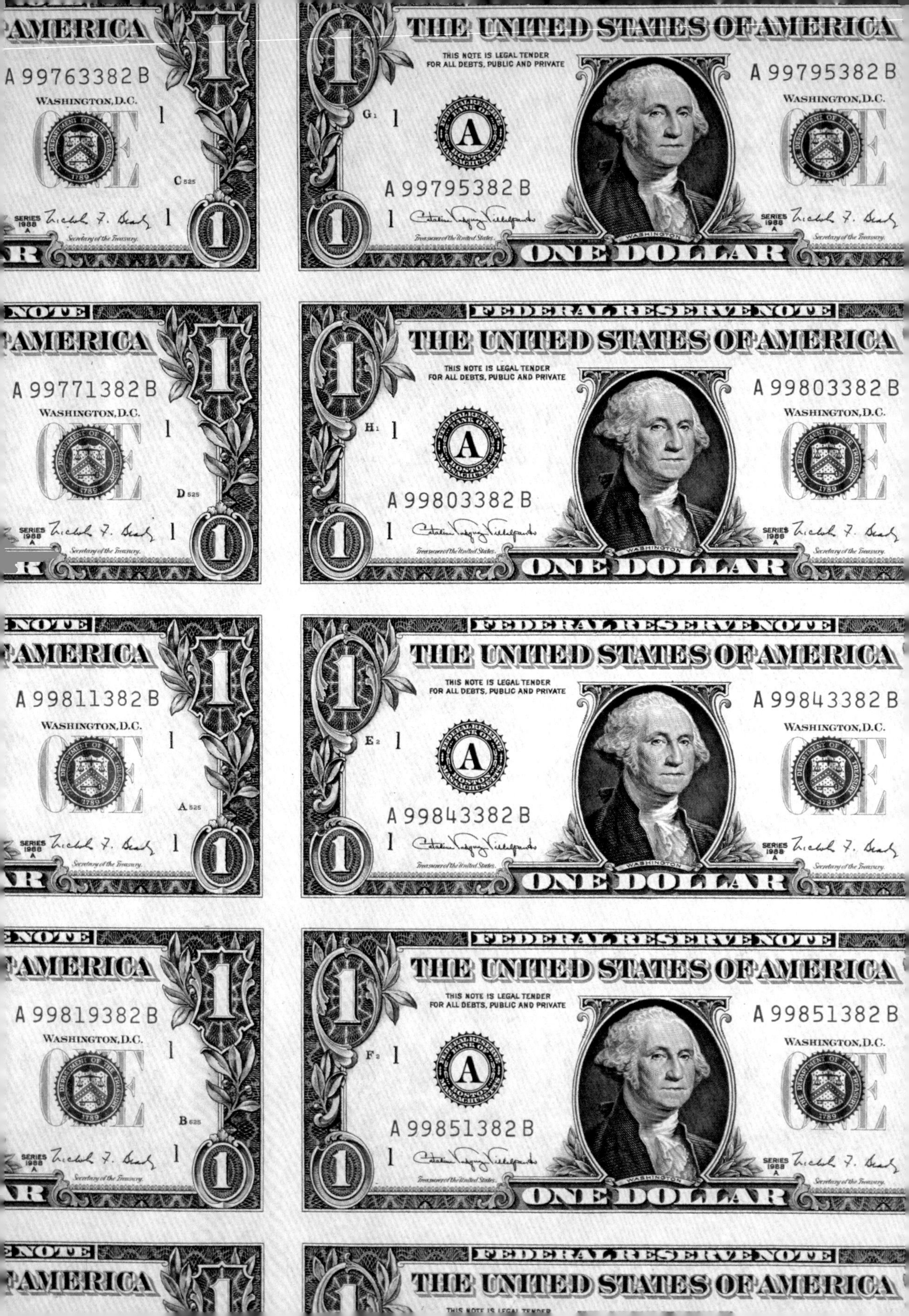
AMERICA
A 99763382 B
WASHINGTON, D.C.
C 525
SERIES 1988 A
Secretary of the Treasury.
THE UNITED STATES OF AMERICA
THIS NOTE IS LEGAL TENDER FOR ALL DEBTS, PUBLIC AND PRIVATE
A 99795382 B
G 1
A
A 99795382 B
Treasurer of the United States.
WASHINGTON
ONE DOLLAR
NOTE
AMERICA
A 99771382 B
D 525
FEDERAL RESERVE NOTE
THE UNITED STATES OF AMERICA
THIS NOTE IS LEGAL TENDER FOR ALL DEBTS, PUBLIC AND PRIVATE
A 99803382 B
H 1
A 99803382 B
ONE DOLLAR
A 99811382 B
A 525
FEDERAL RESERVE NOTE
THE UNITED STATES OF AMERICA
A 99843382 B
E 2
A 99843382 B
ONE DOLLAR
A 99819382 B
B 525
FEDERAL RESERVE NOTE
THE UNITED STATES OF AMERICA
A 99851382 B
F 2
A 99851382 B
ONE DOLLAR
FEDERAL RESERVE NOTE
THE UNITED STATES OF AMERICA

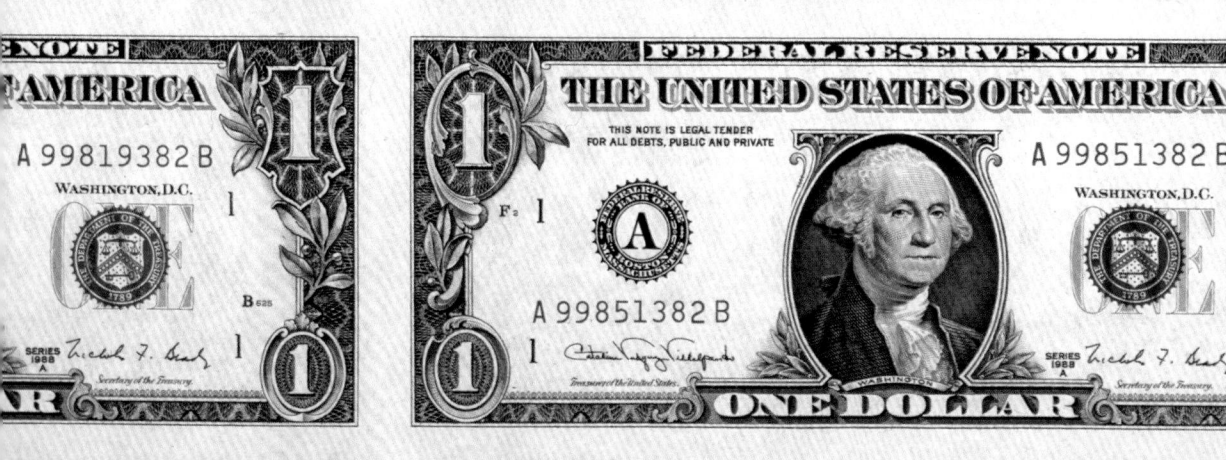

从国家货币到欧元

美元

英镑

马克

日元

欧元

美国第一任总统乔治·华盛顿（George Washington）的头像是美元钞票上最著名的图案。图为1988年整版32张1美元连体钞。

随着民族国家的诞生,货币也具备了现代性。在经历了各国货币的混乱时期以及绝对王权的专制统治时期后,货币终于摆脱了自身原材料的物质价值,并由独立的国家银行统一管理。货币成为各国的统治工具,而且每个国家货币的运作方式也不尽相同。有一部分货币因长期管理不善而无法健康发展,而其他一部分货币则成为稳定经济体的守护神,其中少数甚至成了国际通用货币,主导着国际贸易市场,在其他国家也作为价值尺度被广泛接受;而在国内贸易中甚至被当作唯一被接受的通货。

当我们剥去各个国家的货币的经济外壳,直视它们的历史及文化核心时,就会发现其发展历程是多么令人着迷。

印第安人的贝壳珠串成为北美定居者们最初的价值尺度。

美元

西班牙主导？美元的历史

美元（Dollar）无疑是各国货币中的超级巨星。几十年来，它在世界各地一直被用作结算单位。在某些国家，较之于本国货币，它甚至更公开化，人们更愿意使用美元来进行交易。但最初一切并非如此。在北美殖民时代的初期，金钱是非常棘手的问题。北美的13个殖民地都认为自己是一个独立的国家。国境之间带来的关税问题使得贸易交流和货物运输更加困难。此外，资金稀缺问题也无法得到解决。虽然殖民地都隶属于英国，但英国政府出台的法规严禁英镑作为外汇输出。外汇只能在"英格兰银行"兑换。

那么美国人的钱究竟从何而来？直到18世纪，人们一直处在原始的交易阶段。烟草和玉米被当作交易媒介使用。当地人甚至还在使用印第安人的货币——贝壳珠串（Wampun）。虽然英国严令禁止，但仍有7个殖民地发行了自己的货币，英国王室也只能容忍这种情况。这些货币的不确定性很高，价值波动

1524年的约阿希姆塔勒（Joachimsthaler），其正面图案是神圣的约阿希姆。

也很大,就像古罗马和中世纪时期的货币一样。

如今的美元是美国式成功的最佳标志,但它并非源自这些英属殖民地,而是来自西班牙控制的南美地区。在西班牙国王腓力二世统治下的波托西,自1575年起开采的白银均被铸造成了名为"西班牙元"(Dolaro)的硬币。自1704年颁布造币禁令后,在北美地区所形成的货币真空为西班牙元的涌入打开了闸门,后者也成为18世纪整个美洲大陆最重要的货币。

以今天的观点来看,美元源于西班牙元的说法有些让人不可思议,而其中更是有一段关于货币发展的逸事。上文提到的起源故事或许有些短视,因为它忽略了一个事实:西班牙元也并非一种全新的具有创造性的货币,而是基于德国的硬币——塔勒(Taler)发展而来的。美元一词的真实起源是在欧洲,但不是在德国,而是在捷克的亚希莫夫(Jáchymov,旧称为圣约阿希姆斯塔尔)。波西米亚伯爵斯蒂芬·施利克(Stephan Schlick,1487年—1526年)自1519年起在此处铸造发行自己的硬币,尽管他并没有造币权——这在当时完全是一个丑闻。他为什么要这么做?因为施利克意识到他可以使用波西米亚矿山的银矿资源铸造银币,并以此赚取更多的利益。这些硬币最初并未广泛流通,其发行总量直至1520年(取得正式造币权后)才大幅增加。而在这之后短短的几年内(1520年—1528年),他总共发行了价值约数百万的硬币,人们根据其发源地的德语名字,称其为"约阿希姆塔勒"。

根据"塔勒"和"格罗森",人们还创造出许多其他货币的名称,尤其是直到19世纪末仍在德国境内广泛使用的塔勒,西班牙的Dolaro、北欧的Daler以及荷兰的Daalder都有它的影子。塔勒不仅在欧洲取得了成功,在北美亦是如此。

1792年,美国通过了《铸币法案》,宣布以银含量约为24.056克的西班牙的Ddaro(也称为"比索",Peso)为基础铸造发行1美元、10美分和1美分硬币。此外美国还创建了美国货币的十进制系统:1美元的价值等同于10枚10美分硬币;而1枚10美分硬币则对应10枚1美分硬币。

$——世界闻名的商标

《铸币法案》建立了美国货币秩序,但要想成为世界性货币,美元仍有很长的路要走。1794年,于费城竣工的铸币厂,是1787年制宪会议后成立的联邦政府建造的第一座完整的公共建筑,其落成时间甚至要早于国会大厦和白宫。这里制造的全新美元流向全国各地,逐渐取代了原先的西班牙元。然而,贵金属资源的短缺也带来了诸多问题,因此各州政府批准,在严格遵守法定货币标准的前提下,个人也可以铸造硬币。但这无法改变市场不得不再次向西班牙元敞开大门的残酷现实。因此,西班牙元仍旧在之后的若干年内于美国货币市场占主导地位。直至1848年,淘金热的到来才逐渐为铸币工作提供了稳定的原材料保障,而西班牙元则于1857年才正式被禁止在美利坚合众国流通。

在1857年之前的几十年间,人们常常把在美国流通的西班牙元称为"双柱银元"(Säulen-Dollar)。这个称呼源自硬币背面"赫拉克勒斯之柱"的图案。赫拉克勒斯之柱在古代被用来形容直布罗陀海峡两岸耸立的海岬。公元前1100年,腓尼基人的商船队驶经此地,并以他们的太阳神之名将这两座海岬命名为"麦勒卡特之柱"。后来希腊人将它们更名为"赫拉克勒斯之柱"。传说中,赫拉克勒斯将阿特拉斯(Atlas)化作的擎天石一分为二,创造了这片海峡。西班牙元表面的立

19世纪早期的西班牙双柱银元。

本杰明·富兰克林，美利坚合众国创始人之一，也是一位科学家、作家。

柱上均缠绕着一根铭带，上面写着"plus ultra"（意为继续向前）。这一箴言可以理解为对"non plus ultra"（意为无法继续前进）的否定。根据神话，赫拉克勒斯之柱代表着世界的尽头。而随着新大陆的发现，这句话自然无法继续成立。时至今日，赫拉克勒斯之柱以及这句有着全新含义的箴言仍旧可以在西班牙国徽上找到。

两根赫拉克勒斯之柱"II"缠绕着铭带"S"形成了最初的美元符号。我们今日所见到的美元记号"＄"，是在此基础上减少了一竖，也就是其中一根立柱。当然，这个标志也有其他解释，比如比索或是先令（英国的货币单位）的简写，又或者只是代表着"US"。

"我们是一个整体"

美元成为世界性货币的道路依旧很长。当时的世界贸易仍由许多其他货币主导，比如著名的玛丽亚–特蕾莎–塔勒（Maria-Theresien-Taler）。这种以奥地利公爵夫人和匈牙利及波西米亚女王玛丽亚·特蕾莎（1717年—1780年）之名命名的硬币首次发行于1773年，其表面印有女王头像。而在1780年（女王去世当年）之后发行的硬币，其上印刻的年份也永久地停留在了那一年。奥地利–匈牙利铸造发行硬币，直至第一次世界大战结束、国家解体时为止。而奥地利更是一直使用这种硬币，直到1937年。第二次世界大战（1939年—1945年）结束后，人们又再次铸造了这种硬币作为纪念币。玛丽亚–特蕾莎–塔勒不仅在欧洲得到广泛使用，而且在中东地区，甚至在印度都广受欢迎。在20世纪30年代和40年代，为了稳定东非殖民地，英国政府曾大量发行这种得到广泛认可的塔勒。直到60年代，人们仍能在那里的市场上看到这种硬币。1962年之前的也门，也一直将其作为官方货币使用。

没有人曾预想到下一位扮演世界货币角色的"塔勒"会来自北美新大陆，何况其自身才刚刚摆脱西班牙元的影响。美元也有其他国家货币所不具备的优点：它是由美国官方发行的本国货币。其他地区的塔勒则与各种货币一起，以平行货币的方式流通，又或者如西班牙元一样作为殖民地货币运作。它们的共同特点是：都不是由本国自己发行的。

上文提及的1792年的《铸币法案》进一步巩固了早已成为现实的事实：当时的美国经济完全由西班牙元支撑。托马斯·杰斐逊（1743年—1826年，1801年—1809年担任美国总统）在他的《关于建立货币单位和美国铸币机构的说明》（ *Notes on the Establishment of a Money Unit, and of a Coinage for the United States* ）中就提到了引入人民所熟悉的货币的好处："美元是一种众所周知的硬币，是人们最熟悉的硬币。"杰斐逊和其他美国创建者都十分急切地为这种继承而来的货币赋予属于自己国家的名字。当法律文本还只有"货币单位"（Geldeinheit）这样抽象的概念时，"美元"这个名词就已经深深地烙印在民众的脑海之中。

美国货币的诞生时刻——从货币学的角度而言——既不是在1792年颁布《铸币法案》后，也不是在1794年费城铸币厂建成之时，因为第一枚美元和美分硬币在更早的时候就已经面世，也就是所谓的"大陆币"，又被称为"福吉欧币"（Continental Fugio Dollar）。但是在货币问题得到解决之前，美国是如何铸造发行硬币的呢？

发行"福吉欧币"的真正目的是资助独立战争（1775年—1783年）。这在当时是十分有必要的，因为政府已经无力完成其基本的财政任务。尽管福吉欧币被广泛接受，但由于其本身贵金属含量偏低而未大规模发行，因此无法获得人们足够的信任，也无法发挥其稳定经济秩序的作用。于是，来自13个殖民地的代表在大陆会议上决定开始尝试纸币，印刷厂成为战争和部队经费供应的直接来源。但这样做不仅带来了可怕的通货膨胀，还未得到民众的认可。福吉欧币的命运则完全不同，它既没有被埋藏于富人们的私人钱柜中，也没有流向海外，而是在美国国内的货币流通中展现出强劲的韧性。人们甚至希望小型的福吉欧美分也能够实现同样的效果,从而促进贸易发展。

1787年宪法颁布之后,美国立即发行了一枚名为"福吉欧分"(Fugio-Cent)的铜币。上面刻有格言"管好自己的事"(Mind your Business),而中央图案则是日晷以及上方的太阳,并写有"fugio"字样(意指时光飞逝)。本杰明·富兰克林(1706年—1790年),美国的创建者之一,是这一方案的主要设计人,他选择了个人最偏爱的选举标语及符号。硬币的背面则是由象征13个殖民地的圆环链接而成的锁链,并配有"United States"和"We are One"(我们是一个整体)的字样。这种象征性的语言是全新的:这枚硬币的存在既不源于上帝,也不再需要统治者作为担保人,而是基于国家统一的观念。

美国经济的基本支柱

富兰克林创造的简单粗暴的货币体系与第一任美国财政部部长亚历山大·汉密尔顿(Alexander Hamilton,1757年—1804年,1789年—1795年在职)打造的更复杂的经济系统形成了良性竞争。汉密尔顿在1790年—1791年发表了5份国事报告,提出了恢复经济的各项措施,其中一部传世巨作《关于制造业的报告》更是成为现代美国经济学的基石。汉密尔顿希望由联邦政府承担所有的公共债务,但此提议在当时却遭到了强烈的反对。而基于富兰克林创造的福吉欧币的统一货币体系也将因此成为财政现实,但仍有一个前提,那就是联邦政府的权力必须高于各州政府的权力。而南方各州是财政中央化的最大阻力,根深蒂固的农业经济使它们在中央财政体系中只能获得很少的收益。此外,它们已经在很大程度上消除了自己的战争债务——因此中央财政体系对它们来说弊大于利。但汉密尔顿仍旧贯彻了自己的提案。为了抵消来自南方各州的质疑声,他将首都从费城南迁至波托马克河岸,并在1790年成立了华盛顿特区。因此,新首都更靠近中心——大约在南部各州的边界线上。

汉密尔顿一边收集所有债务，一边将财政权力转移到联邦层级。与此同时，他将西部整个俄亥俄河流域的所有土地交还给民众，土地被分割成不同区域，然后被出售给来到此地的定居者，当然也包括那些投机商人。土地使用权的出售给国家带来了经济上的巨大成功，由土地担保价值的新纸币开始在市场上流通。而国家可使用的土地面积仍很大，原殖民地开发的愿景支撑着国家货币的发展。

富兰克林和汉密尔顿的措施相辅相成。美国的第一种统一硬币逐步走进了千家万户、银行和商场柜台，其日渐凸显的实用性促进了贸易交流。汉密尔顿的政策也为政府实现了创收，从而促进了各州经济和货币体系稳定发展。其中，来自荷兰的银行和贸易公司购买了大量土地，巨额资金涌入美国负债累累的金融系统。汉密尔顿于1791年建立了一个处理类似交易的私有的中央

新首都的诞生：图为1800年的水彩画，描绘了华盛顿特区国会大厦北翼的风光，这座建筑始建于1793年。这座波托马克河上的城市仅有3年的历史。

银行，参与者不仅有联邦政府，也有荷兰投资商。中央银行以黄金或白银收购其他银行发行的纸币，这使得私人银行发行纸币的收益大幅下降：纸币的价值无法立即得到兑现，现在其所拥有的只是一份抽象的赎回权。汉密尔顿的中央银行借此消除了旧纸币的混乱状态，并为国家统一货币创造了空间，也为1792年《铸币法案》的颁布铺平了道路。

汉密尔顿的措施也引起了争议。虽然中央银行拥有土地和必要的初始资本，可以持续出租和出售土地，但它们的买家究竟是谁呢？如前所述，富裕的商人大量购入土地，为了日后将其分块出售给定居者。一方面，这带来了高度的不平等

1803年4月，美国以1500万美元的价格从法国手中购回路易斯安那州的领土。图为《路易斯安那州购买条约》原件。

性;另一方面,它以这种方式向开发新殖民地的投资者们提供了资本。因此,联邦政府即使在自己没有资金储备和固定税收收入的情况下,仍能够推进向西部的殖民定居。

美国很快便实现了出口量的大幅度增长。这虽然创造了大量财富,但却是建立在私人高额的债务基础之上的。他们常常以借贷的方式从投资者那里购买土地。沉重的债务负担加剧了人们对汉密尔顿的银行的抵制情绪。1811年,第一银行因特许权期满而不得不关闭。而在1816年,新的中央银行获得了联邦政府的许可证,但也只有20年的授权期限,我们将在后文更详细地讨论。直到1913年,美国才拥有了永久性的中央银行。尽管如此,美国前两家中央银行的成功也是不可否认的。汉密尔顿的财政战略为公共部门提供了财政上的发挥空间,其中就包括1803年回购法国殖民地路易斯安那州的领土。

西进运动

西进运动与货币系统及银行结构有着直接的关系。看似不公正的制度有利于少数重要的投资者,这一切都鼓动着那些大胆的投机商人更进一步地向西开拓、开发土地,并利用自己所能提供的全部资源。必要的基础设施建设也为提高运营效率提供了可能:商人们可以更快地将货物运至东海岸,再从那里将其进一步运到更广阔的世界。

铁轨一路向西,很快就延伸到了太平洋沿岸。为如此广阔的区域铺建基础设施,其耗费的人力、物力是无法估量的。来自国外的私人投资者们是这项工程的经济支柱,而这些投资也使他们从政府那里获得了好处。每条铁路线两边各有几公里宽的土地,这是国家唯一拥有的资本。道路、桥梁、铁路、港口、农场和工厂如雨后春笋般出现,但是基础设施建设所需的投资就像吸收资金的黑洞,所有这一

切都需要欧洲持续提供流动资金。然而，欧洲投资者更加关注在西部安家落户和发展工业的机会。站在工业化大门之外的欧洲迫切需要来自北美的原材料和商品，其中粮食和棉花的需求量非常大。因此，投资者们都对建立一个面向欧洲的北美供应运输网络很感兴趣。以纽约为代表的繁荣的港口城市纷纷建立，且都与新的铁路网络紧密相连。来自中西部地区的产物将从这里被运往欧洲。

然而，北美本身的繁荣对欧洲而言也很重要，因为它将是欧洲工业制品的最佳市场。例如，英国钢铁业向美国供应钢材，用以延续以前由他们自己投资建起的工厂和铁路的建设：欧洲人在新世界创造了属于自己的销售市场。

但是，在这个系统中也存在一个棘手的问题：投资与回报之间的时间间隔往往很长。新的道路、农场和工厂的建造周期至少需要数年，这就要求长期且可靠的资本注入。这项任务由伦敦证券交易所接管，该交易所接受投资者的资金并发行证券作为回报。虽然捆绑投资使得投资者无法明确收益周期，

图为19世纪的位于康希尔和针线街之间的被多次烧毁并再度重建的伦敦皇家证券交易所的视图。

| 全球货币进化史

淘金热：这幅19世纪的彩色木刻版图中的人为在加利福尼亚州内华达山脉的一条河流两旁的淘金者们。

但选择长期投资的投资者们可以从过去投资的收益中获利。

然而这一体系对于个体商户来说却是一种束缚：西部发展的资金源自贷款融资，许多种植棉花和粮食的农民并没有真正赚到钱，而只是还清了贷款。此外，交易所根据当前的供需关系决定所有商品的价格。这意味着，在中西部火车站出售自家种植的棉花的棉农并不能自己定价，而需要严格遵守棉花交易所规定的价格。在扣除费用（包括应偿还贷款的分期额度）后，其利润已所剩无几。

作为第一位没有参加独立战争的美国总统，安德鲁·杰克逊（1767年—1845年，1829年—1837年出任美国总统）将自己视作移民、农民和小企业主的辩护人。现有的投资体系强迫着这些人一次又一次地借贷，而他们的使命就是挑战这个体系。1836年，当美利坚合众国第二银行的特许权到期时，杰克逊否决了授权延期的提案。当杰克逊被问及自己在两届任期内的最大成就时，他的回答是："我杀死了银行。"

随着银行的倒闭，投资者从西部撤出，美国经济遭受了致命的打击。一方面，西部的发展本身已经透支，这使得新的投资者难以盈利；另一方面，农民只有种植更多的作物才能缓解他们糟糕的私人财务状况，而这也使得生产过剩的情况日益严重，供需平衡被彻底打破。其最终结果就是美国爆发了历史上第一次经济危机：银行破产，农场被废弃，小企业主放弃了他们认为能够实现经济独立的梦想。

绿背纸币

1848年的淘金热又创造了新的机会。这个国家现在拥有了自己的贵金属矿场，并开始打造自己的货币，与仍然占主导地位的西班牙元一较高下。在美国以及3年后在澳大利亚发现的金矿，其带来的可不仅仅是利益。全球黄金产量在短时间内激增了10倍，随之而来的便是金价的大幅下跌。因此，维持部分或完全与黄金挂钩的货币的价值变得非常困难。

1862年，美国政府首次自己发行货币。因票面被印成绿色而被人称为"绿背纸币"（Greenbacks），它起到了和当年的福吉欧币类似的效果。它们都成为未来10年繁荣发展的象征。自美国内战（1861年—1865年）结束到1873年，在这短短的几年内，北美铁路网的规模就翻了一番。在这些年里已经投资了很多著名项目的纽约银行家杰伊·库克（Jay Cooke，1821年—1905年），又野心勃勃地资助了"北太平洋铁路项目"（Northern-Pacific-Railway-Projekt），希望将明尼苏达州和今天的华盛顿州的普吉特海湾连接起来。然而这个项目彻底地失败了。原定的进度表以及资金预算都未能完成，而股票的出售工作因为当时各铁路公司之间异常激烈的竞争也没有带来预期的收益，继而转向欧洲发行的股票也以失败告终。

杰伊·库克于1873年9月18日宣布破产，在当时没有人相信这是真的。一位芝加哥的报童甚至因为高声喊叫这条新闻而被捕。库克，美国经济繁荣的缩影，竟然破产了。冲击波迅速席卷整个国家，每个人都希望尽快卖掉他们手中持有的股票。报纸都使用了类似"黑色星期五"的标题；而纽约证券交易所自1792年成立以来也不得不首次暂停交易。

后来几年是美国经济的一段黑暗时期。1877年，据说只有约20%的人口拥有正规工作。截至1878年，共有89家铁路公司不得不申请破产。经济崩溃导致失业率升高和资金进一步短缺。这也将所有的个体经营者，尤其是农民拖入了深渊。他们因此成了新政党——国家独立党（Independent National Party）背后的推动力量，该党日后又很快更名为"绿背党"（Greenback Party），其含义源于政府在1862年首次发行的绿背纸币。虽然国家发行的绿背纸币完全没有金银等金属作为抵押，但却有力地支撑了整个内战时期的美国经济，成功地限制了私有银行发行的纸币的流通。内战结束后，国家试图召回流通中的绿背纸币，但这却进一步削弱了消费者的购买力。这与绿背党人的观点完全不同，他们坚定地认为必须印刷发行更多的货币才能提高消费者的支付能力，从而提高农民的收入。

绿背党不过是历史的注脚。1878年，绿背党人成功地动员了各个城市的劳工及农民，这使得他们拥有了超过100万的选民以及国会中的14个席位。那一年，他们在保证绿背纸币流通的同时，还促进了由于黄金泛滥而几乎停滞的银币的发行。他们坚信，更多的钱能使国家更加繁荣，这本身就是一个谬论。1884年之后，该党就几乎彻底地退出了历史舞台。但这也反映出了全新的社会意识，即美国社会的利益从根本上来说是与其货币——美元联系在一起的。美元带来了繁荣、进步与快乐，但也可以使经济一次又一次地陷入深渊。

这张未注明日期的图片中的人物是美国工业家彼得·库柏（1791年—1883年），他于1876年以绿背党人的身份参与总统竞选，但没有成功。

黄金时代

从那时起,美元就成了黑暗和光明的结合体。尽管有各种危机,但美国从未停下前进的脚步。没有一个国家能生产比它更多的钢铁,也没有一个国家能开采比它更多的煤炭与石油。但在1914年前,也没有哪个国家像美国那样拥有如此高额的债务。直到这一年,美国各州的出口盈余甚至不足以支付当年的债务利息——这是一种非常棘手的情况。但在短短两年之内,这样的困境就发生了质的转变。

直至1914年,欧洲大国们都能从这片新大陆的发展中谋得自己的利益。在这个国家进行土地投资,参与各大洲间的货物运输,甚至是在欧洲销售产品都能带来巨额的利润。美国生产商在很大程度上仍不得不以贷款利率的形式将其收益返还给欧洲投资者们,而欧洲人几乎可以从产业链的每一环节中获利。然而,欧洲列强自1914年起爆发了举世瞩目的军事冲突:第一次世界大战在欧洲大陆肆虐了4年之久,而中欧各国的海外贸易也因为英国对北海的海上封锁而举步维艰。但这一举措也使得英国自己在欧洲大陆的贸易受挫。当然,英国在最初仍有来自美国的信贷收入,但这也并非长久之计。

美国则很好地利用了这段贸易真空期。成立于1913年的"美国联邦储备委员会"(Federal Reserve,简称"美联储")具有中央银行的职能,为美国带来了新的发展空间。自此到1916年,各州的对外贸易顺差突飞猛进。随着美国成为国际贸易中的主导力量,美元的国际声誉也在不断提高。在那之前,来自英国的贸易伙伴从来没有正视过美元的存在。英国人要求以英镑完成交易,而美国人的英镑储量很少,这使得美国人在对外贸易中一直处于弱势地位。而现在情况有所不同:英国的资金储备几乎耗尽,因此许多投资者卖掉了他们在美国的公司的股票,并且主要卖给了以美元支付的美国投资者。突然之间,英国商人们不得不接受使用美元交易。而新的贸易背景也使得大众希望拥有更多的美元。

第一次世界大战结束时,美国及美元的地位发生了翻天覆地的改变。美国工业完全由自己掌控,而美元也在国际上被视为主要货币。英国曾经是美国最大的债权国,现在却欠着美国的钱。摆脱贷款利率的束缚之后,美国国内的生产收入可以直接进行再投资,从而促进经济进一步繁荣发展。20世纪20年代成为美国人工资和财富增长的黄金时代,美国经济有着欧洲竞争者无法匹敌的竞争力。

现在的美国人完全可以像欧洲人曾经在美国那样在欧洲采取行动,通过借贷和投资的方式在欧洲发展新的产业和技术,而这些活动产生的利润则会以利息和投资收益的形式回流至美国。与此同时,美国还在欧洲创建了新的销售市场,以此为本国商品服务。这些商品不仅包括各种机器,还有电影和音乐作品。

20世纪20年代的美国不仅经济繁荣发展,民众的生活也发生了翻天覆地的变化,科技进步的速度很快,可谓日新月异。所有的一切都变得更快速,而且都难以预见。"咆哮的20年代"(Roaring Twenties)也反映在文化中,经济繁荣以及民众新的生活态度成为创作主题。美国的超级城市在这段时间诞生;亨利·福特的

这座青铜浮雕位于华盛顿特区的美联储大楼内,图案为谷物女神得墨忒耳。它被认为是经济稳定以及生产力的象征。

量产装配线让美国人只需支付290美元就能拥有一台汽车。人们购买收音机,去电影院观影。信件不再通过铁路或船舶运输,而是主要通过飞机传递,大西洋也不再是难以逾越的屏障。数百万美国人成为全世界关注的焦点。与此同时,美国人的生活方式(American Way of Life)也影响着全世界人民。美国形成了世界上第一个消费社会,而且在各个领域都领先于其他国家:他们发明了唱片播放器、吸尘器;他们一年四季都能喝到新鲜的橙汁。欧洲人也想过上这样的奢侈生活,他们努力追求着能够代表这个消费社会的一切:从汽车、摩托车——德国的第一家哈雷机车俱乐部于1924年在柏林成立——到1929年首次进口到德国的可口可乐,再到成功的美国文化输出,如爵士乐。而美元正是这一切的核心象征。

经济大萧条

财富正在迅速累积,席卷全国的汽车热潮正是这一经济上升阶段的最佳缩影。仅1929年一年就有四分之一的美国人购买了新车。他们中超过半数的人选择了贷款的方式并愿意支付高达30%的利息。从今天的观点来看,消费者的这种行为似乎很不合理,但20世纪20年代的美国人十分清楚,跟上发展的步伐是多么

1927年,美国汽车商斯图兹(Stutz)在底特律为最新豪华车型印制宣传手册。这就是"美国梦"的最佳体现。

重要。那些没有及时消费（购买汽车、消费品、地产或股票）的人，就好像错过了发展的高速列车。人们都有能力且愿意偿还贷款，因此，即使是在私人家庭中，资金的流动速度也在不断加快。

而这最终导致了没人预料到的情况：经济突然崩溃。产品过剩，消费品市场逐渐饱和，欧洲大陆重新成为世界市场。危机开始时，苏联的粮食销售工作正在全世界展开。年轻的社会主义国家正在为即将到来的五年计划筹集资金，并希望通过这个计划推动工业化进程。突然间有了太多的粮食，然而乐观的美国人却说没问题。他们认为，只要这个世界上还有人在挨饿，市场就会自己解决这个问题。当市场价格开始下跌时，美国总统赫伯特·克拉克·胡佛（Herbert C. Hoover，1874年—1964年，1929年—1933年出任美国总统）仍旧认为没问题。"只要我们保持乐观，一切都会稳定下来。"他拒绝进行政府干预。美国式的个人主义建立了美国经济，那么它也会在危急时刻稳定市场。

但事实并非如此。1929年10月，股市交易价格开始停滞不前。1929年10月24日，纽约华尔街股市突然灾难性地暴跌。而就在几天之前，著名的经济学家欧文·费雪（Irving Fisher，1867年—1947年）还声称股价已经到达了一个稳定高位。他认为担心股价下跌的想法是没有根据的。然而现实很快就给他上

了一课，学费则是他的全部资产。那些通过贷款支撑的投资者对这种停滞感到担忧，并且越来越多地撤回他们的资金。股票价格迅速跌破发行价。然而，为了履行贷款的还款义务，人们不得不亏本出售这些股票。但现在谁还敢买进股票呢？其结果就是股价彻底跌入了无底洞。

美国人将1929年10月24日称作"黑色星期四"，欧洲由于时差的缘故将其称为"黑色星期五"。这样的称谓实际上是有误导性的。股价持续下跌了好几天，之后价格也一直未能稳定。直到1933年，股价一直在缓慢地下降。反映美国主流公司表现的道琼斯指数在"咆哮的20年代"曾突破300点大关，而现在却暴跌至50点。农业生产总量减少了一半；四分之一的美国人失去了工作，许多人的工作条件也极不稳定，多数人为外包工或临时工。职业介绍所门前排着无尽的长龙，街头满是乞丐和流浪汉，华尔街街头尽是汹涌的人潮以及走投无路的银行家，这些就是留在每个人的记忆中很多年的画面。

这场股灾正是日后"大萧条"的导火索。美国人对个人英雄主义和经济无限发展的信心也在不

1929年10月，股市崩盘期间的华尔街。

断减弱。与前任总统放任自流的政府风格完全不同,富兰克林·德兰诺·罗斯福(Franklin D. Roosevelt,1882年—1945年,1933年—1945年出任美国总统)选择推行"新政":固定商品价格、提高税收、制订政府投资计划、创造就业机会等。这一切都对美国社会产生了深远的影响。1933年,罗斯福颁布行政命令,没收了所有美国公民私人持有的黄金。政府将巨额的黄金储备投入市场,并发放资金以促进经济增长。然而,国家预算也因此彻底陷入了困境。1933年的政府收入与公共支出金额分别是20亿美元和50亿美元,而到了1934年,这一比例达到了3∶7。1932年—1941年,公共债务也从200亿美元增加到500亿美元。第一次世界大战的全部消耗都不及这场危机给美国造成的经济损失大。

此前的社会批判思想和政府干预措施从未对美国的政治和文化产生过如此巨大的影响。当时由此产生的许多社会主义倾向,最终在冷战时期的意识形态战役中遭到斗争和谴责。

推动世界经济发展的引擎

大萧条不仅是美国一个国家的问题,它逐渐演变为全球性的经济危机。自1914年以来,美元以及美国经济的影响力飞速增长,以至于世界上几乎没有什么地方感受不到美国经济的"风吹草动"。尽管美国存在经济问题,但美元依旧是世界舞台上的核心货币。1944年在布雷顿森林创建的国际货币体系正式确立了美元的地位。在美国宁静的东海岸新罕布什尔州举行的这次会议,确定了以美元为锚货币的国际汇率。除此之外,会议还决定成立世界银行(WB)和国际货币基金组织(IMF),以监督该协定的执行情况。参加会议的44个国家中有12个国家(包括苏联)拒绝使用某一国家的本国货币作为国际货币,并取代原有的金本位制度。然而这种抵抗毫无作用。布雷顿森林会议之后,国际市场正式开始使用美元结算。

美元成为世界头号交易媒介,彻底将英镑赶下了神坛。美元的吸引力极其巨大:受危机影响的国家将其货币与美元挂钩以保持稳定。在一些国家,美元依旧被视为官方认可的第二货币。在本国货币无法维持稳定的情况下,人们纷纷使用美元进行交易。美元取代了储备不足的黄金,人们现在只认可和接受美元。在1973年布雷顿森林体系彻底崩溃之前,美元一直都是世界主要货币。

1971年,美国总统理查德·尼克松(1913年—1994年,1969年—1974年出任

布雷顿森林会议于1944年举行,图为英国经济学家、政治家约翰·梅纳德·凯恩斯(1883年—1946年)在会上演讲。

一张1988年的1美元纸币,背面题词为"我们相信上帝"。

总统)宣布正式解除美元与黄金价格的联系,这引发了金融世界的冲击(史称"尼克松冲击")。之前几年间,货币危机一直困扰着全世界。金融市场上对美元的质疑声也越来越多。尼克松希望有更多的自由来采取财政对策,但并没有选择在美元与黄金价格挂钩时这么做。布雷顿森林体系崩溃之前,美元的价值损失了原始价值的五分之一,没有人曾预料到这一点。尼克松尝试通过解除美元与黄金价格的绑定关系,以及采取其他一系列稳定市场价格的措施来遏制因大量发行新货币而造成的通货膨胀。

与金价分离的措施一直存在争议,并且具有一定的不确定性。这是美元有史以来第一次完全脱离贵金属的担保。民众对美元的信心完全来自对政府货币政策与秩序的信心。随着上一期黄金基准货币的到期(最新发行日期为1969年),曾经常见的标语"按需支付给持票人"(Payable to the Bearer on Demand)也彻底消失,而更轻浮一些的装饰语"我们相信上帝"(In God We Trust)则得以保留,19世纪以来的硬币以及日后的纸币都还留有它的身影。美元虽然继续保持其主导地位,但已不再像尼克松采取措施之前那样重要了。时至今日，世界上超过三分之二的货币储备仍以美元计价，而石油贸易仍以"石油美元"（Petrodollar）计费。如果无法使用美元支付，很多国家的商贸就无法发展。

英镑

便士的诞生

近年来，英镑一直在复兴。它在2006年超过日元，成为仅次于美元和欧元的世界第三大货币。然而，世界上只有一小部分货币储备以英镑计算，其占比略高于4%。如果当年北美殖民地被允许进口英镑，那么今天的它在世界舞台上究竟可以发挥什么样的作用呢？也许西班牙元就不会被引入，美元也就不会诞生。但这一切都只是猜测，唯一明确的是，在1944年引入布雷顿森林体系之前，英镑才是世界贸易的主要货币——它长期以来一直扮演着这一角色，其历史可以追溯到维京时代。

重量单位——磅首次出现在查理大帝的统治时期，由其引申而来的货币系统最终在欧洲广泛流传。除英镑之外，里拉货币（Lira-Währung）也在整个欧洲大陆占据着重要的一席之地。"磅"和"里拉"都来自古罗马重量单位"libra"。英

| 全球货币进化史

1000年左右，丹麦人入侵时的英国硬币。

镑早在8世纪便以"便士"之名进入了英国上流社会。这相当于当时欧洲大陆上的第纳尔（日后的芬尼），维京人把第纳尔带到了英格兰，这也是为什么便士直到20世纪70年代仍旧以"d"作为简写。据推测，它的名字也源于北欧的"金钱"（penning）一词，后来在德国流行的芬尼也是起源于此。

维京人所到之处，如果当地居民不愿意或是没有能力为自己的和平埋单，那么维京人就会烧毁那里的一切。盎格鲁-撒克逊人的银币（der angelsächsische Silber-Penny）通常被用来交给维京人作为赎金，也就是人们常说的"丹麦金"（Danegeld）。而这笔保护费对中世纪早期的盎格鲁-撒克逊人来说，必然是巨大的经济负担。考古学家在丹麦发现的9世纪至10世纪的古英格兰便士的数量比在英国本岛发现的数量还多。这是因为据说仅在990年—1015年，就有大约93吨的银币从英格兰流向丹麦。

英格兰的君主们几百年来不得不支付越来越多的钱给维京人，以满足他们的野蛮要求。但对于君主们来说，考量利弊的公式很简单：发动战争和为和平埋单。哪一种方式更划算？国王埃泽尔雷德（Æthelred，968年—1016年，于978年加冕）决定开战，并于1002年下令处死所有在英格兰的丹麦人。被处死的人中还有当时丹麦国王的妹妹,这也直接导致了维京人对英格兰发动了一场征服之战。此时的埃泽尔雷德又试图以旧策略来收买并安抚丹麦人。丹麦人虽然接受了这笔钱,但却在日后以相同的手段不断要求更多的赔偿金。1013年,埃泽尔雷德面对丹麦国王斯文·加贝尔巴特(Sven Gabelbart,965年—1014年,于986年加冕)的施压,只能选择逃亡诺曼底。而此时这位英国国王已经付给丹麦约4000万便士。斯文死后,他的儿子克努特大帝(Knut der Große,995—1035年)掌握了英国和丹麦的所有权力。英国人试图让埃泽尔雷德回归,但终究没能逃脱失败的命运。埃泽尔雷德在丹麦人围攻伦敦时去世了。克努特于1016年成为英格兰国王,后又于1019年和1028年成为丹麦和挪威的国王。

克努特在把自己的士兵送回家之前,向他们支付了2000万便士的酬劳。当维京人悉数归家,和平再次降临英格兰时,造币工厂仍旧在夜以继日地运转。而此时的克努特已经开始尝试促进英格兰与北欧之间贸易交流的蓬勃发展。这些贸易交流也在很多方面留下了痕迹:现代英语中仍然有许多古挪威语词汇的踪迹。例如,"星期四"(Thursday)是挪威人纪念他们的神索尔(Thor)的日子;许多商品也都有相似的名称,其中"蛋"就是一个很好的例子,英语中的"egg"和瑞典语中的"ägg"十分相近;英语中的字母组合"th"也是北欧字母"ð"的变体。商品交易使得便士遍布整个北欧,这证明了英国货币在世界范围内的合法性。

一座抵抗到底的城市

由英镑、先令和便士构成的英国货币体系续持了很长时间,并逐渐发展为本国货币的原型,而它的基础正是于1694年建立的英格兰银行。它位于伦敦,在这座世界级大都市的老城区。伦敦的城市布局可以追溯到罗马人定居时的伦丁尼乌姆(Londinium)。罗马人当时决定在泰晤士河上建造一座桥梁。而多年来,它一直都是河流上唯一固定的渡口,因此这也有利于商业中心的建立。许多街道至今仍然沿用着人们当年根据提供的商品和服务而确定的名字,从谷山街(Cornhill)到牛奶街(Milk Street),从面包街(Bread Street)到爱情巷(Love Lane)。

此外,伦敦的很多细节也体现了商贸与货币的共生关系。现在围绕着伦敦银行兴起的金融机构则有意识地形成了独立于皇室的自治领域。这种独立的需求是一种历史常态。11世纪,丹麦国王统治下的伦敦蓬勃发展,并成功地抵御了征服者威廉(Wilhelm der Eroberer,约1028年—1087年,自1066年起成为英格兰诺曼王朝的第一位国王)。即使英军在黑斯廷斯战役中大败,这座城市也依旧没有放弃抵抗。接下来则是一段漫长的和解进程,伦敦最终认可了威廉的国王地位,因为后者给了这座城市较大的自治权。国王对这笔交易并不是特别满意。他下令在与城市接壤的边界建造一座城堡,以便自己管控城市里的各项事务。这座建筑至今仍然存在,它就是我们熟知的"伦敦塔"。这座塔楼标志着皇室享有的皇家财政权力与民间商业力量的对抗。这里保存着皇室宝藏,并被作为皇家铸币厂——直至19世纪——这座建筑就是商业力量与城市信念的最佳注解。

沿着塔壁延伸的外墙至今仍是皇家权力与城市权力的分界线,许多城市特权保持到今天。例如,英国女王在进入伦敦之前需要向伦敦市长请求许可——当然这在今天只是纯粹的礼仪性行为。

英国银行的成功史

1066年,征服者威廉在伦敦举行胜利游行。图为19世纪的彩色木版画插图。

| 全球货币进化史

贸易与政府之间的分离使得伦敦的经济发展比其他许多国家都更加自由。这也为建立一个私人管理的货币体系创造了机会,其优势在于它既能不受皇室影响,又可以避免皇室的铺张浪费。其中重要的一步随着1688年—1689年的"光荣革命"(Glorreichen Revolution)而迈出,当时英国的国家权力逐渐由君主转向议会。1689年,宣布共同统治英国的威廉三世(Wilhelm III von Oranien,1650年—1702年,时任奥兰治亲王)和玛丽二世(Maria II,1662年—1694年)接手了这个濒临破产的国家。他们需要对内部进行干预,使国家尽快地稳定下来。被驱逐的天主教徒詹姆士二世(Jakob II,1633年—1701年,1685年—1688年在位)的追随者们仍旧高举着"詹姆士党"的大旗进行活动,他们必须得到控制。与此同时,和法国的路易十四的战争也需要大量物资供给。换句话说,两位新君主需要大量的资金,而留给他们的时间却很少。

威廉和玛丽同意建立一家银行,它将吸收私人资金,并以低利率贷款形式提供给国家:这就是英格兰银行的诞生。所有国家银行的前身都是一家纯粹的私人银行,而首先向议会提交这份议案的是苏格兰金融学家威廉·帕特森(William Paterson,1658年—1719年)。但由于私营经济的性质,这项提案最初并未通过。帕特森在第三次尝试后才最终说服了财政大臣——相当于其他政治体系中的财政部部长——查尔斯·蒙塔古(Charles Montagu,1661年—1715年,1694年—1699年任职)。蒙塔古准备将一部分税收收入以基金的方式

图为18世纪末的位于针线街的英格兰银行,其宏伟的外观向所有人展示着它的力量。

转换成新银行的基础资金。只有在此基础上,私人投资者才可以正常地购买银行股票。最终银行成功集资120万英镑,并直接尽数贷给政府,贷款年利率为8%。不久之后,帕特森也依照这个模式于1695年成立了"苏格兰银行"。

英格兰银行是一个成功的典范——短短几周时间就成功地募集了足够多的私人资金作为启动资金。17名银行官员和2名看门人负责处理第一家国家银行的所有事务。而零售业对它的影响也不容忽视:银行最初的选址位于一个商贸大厅内,

那里原本是绸缎商和杂货商的聚集地。

英格兰银行在未来几年中稳步地增加资本，从而向国家提供新的贷款。这是其成为有史以来最大的殖民帝国的根基。证明在英格兰银行拥有存款的票据开始流通，并取代了原来货币的功能。票据的另一个特点也支持着这种功能的转变：这些票据的金额并不基于存款总额，而大多数以10镑和20镑的面额发行。这种小面额使得票据在商业交易中非常实用，当时20镑的实际价值约等于今天的1000美元。当然这些票据在初期鲜少进入百姓手中，而是多用于处理较大的商业交易。

1740年，英格兰银行虽然仍旧是私人银行的组织架构，但其权力已经得到了大幅增长。此时银行总部已经迁至针线街，并逐步在那里形成了一片银行建筑群，甚至连原来的教区教堂（Kirche St. Christopher le Stocks）也被迫拆除以腾出空间。多年来，银行的资本急剧增长，并为政府提供了越来越多的贷款服务。银行执照的延续完全只是一种形式，由国家保证的垄断地位也确保了不会有其他具有竞争性的国家银行成立。自政府贷款被称为"公债"之

图为第三次联盟战争的场景：1805年10月，英国舰队在特拉法尔加海战中战胜了西班牙-法国舰队。

从国家货币到欧元

日起,银行变得越来越像一个官方的财政组织:它掌握着国家账户,管控其债务总额。随着1781年经营许可证延期的完成,英格兰银行虽然仍是一个私营组织,但已经开始正式经营国库。然而,银行与国家日益紧密的联系也带来了问题,因为国家总是想要更多的钱。1797年,市场上流通的英镑总额超过860万,但英格兰银行的现金持有量却略低于130万英镑。怀疑主义的火花足以引起投资者的恐慌,并最终导致银行破产。银行别无选择,只能暂停兑现纸币。这种情况一直持续到1821年,这导致作为存款证明的票据无法兑换现金。这对于投资者来说是闻所未闻的。只有民众对银行具有极大的信心才能解释为什么英镑体系在当时没有分崩离析。

英格兰银行所拥有的信赖完全扎根于社会,因为这家银行虽然作为经济工具与政府有着千丝万缕的联系,但对国家利益而言却具有更大的价值。1747年发生的一切也很好地印证了这一点。被流放的王位争夺者查尔斯·爱德华·斯图亚特(Charles Edward Stuart,1720年—1788年)率军向伦敦进发。许多投资者害怕王位更迭会使政府发行的票据失效,从而失去他们自己的存款。但1140位来自伦敦的商人公开发表声明:他们将继续接受英格兰银行的票据。自该日起,对英格兰银行的无条件忠诚成了不成文的规定,即便在反法联盟战争期间(Koalitionskrieg,1793年—1815年)亦是如此。虽然英镑价值在1797年—1821年下降了30%,但纸币的流通并未受到影响。不仅如此,其间还有新发行的纸币流入市场。为了缓解反法联盟战争期间出现的金融危机并弥补造币短缺的问题,英格兰银行还分别发行了面额为1英镑和2英镑的纸币。越来越多的印有国王头像的皇室硬币被这家私人银行的纸币所取代,而且这些纸币表面没有任何国家或皇室的标志。然而,1英镑面额的纸币虽然代表了相当高的购买价值,但依旧无法满足寻常百姓的日常需求。不过它们至少可以被用来支付公务员以及士兵的薪水。

劳民伤财的反法联盟战争成功地结束了,这本身就是一个奇迹。英格兰银行得以稳定发展,并自1821年起再次发行纸币,进一步扩大自己的"帝国"范围。接下来的100年是大英帝国的黄金时代,其特点是:国际政治的至高无上、军事舞台上的强大形象、无比稳定的货币体系。这完全就是前无古人、后无来者的伟大成就。从经济角度来看,这也许是英国历史上最强盛的时期。工业化进程给英格兰带去了无穷的发展动力,其生产力得到提升,贸易范围迅速扩张。这一切都意味着巨大的财富积累(尽管分配不均)。蓬勃发展的经济在很大程度上为美国的崛起提供了实质性的资金。自1816年确立金本位制度,到1944年建立布雷顿森林体系,英镑一直都是最主要的国际贸易货币,是各国中央银行首选的储备货币,也是公认的最安全的货币。此后,欧洲大陆陷入了第一次世界大战的阴霾,而美国则借此机会成为经济强国,夺走了经济上的领先地位。

钞票上的女王

英格兰银行的工作模式就像一个国中国——或许是因为它仍然是一家私人银行。任何对其业务的干涉,尤其是来自政府的干涉都会被拒之门外。西里尔·阿斯奎斯爵士(Sir Cyril Asquith,1890年—1954年)是总理赫伯特·亨利·阿斯奎斯(Herbert Henry Asquith,1852年—1928年,1908年—1916年任职)的儿子之一,他曾经说过,政府对银行储备的调查总是会得到如下答复:"非常非常可观。"当政府要求提供更具体的信息时,银行方面的人通常会"非常非常不情愿"地在他们的回答中加入一些内容。

银行的特殊地位同时也是民众对其产生巨大信任的关键。银行通过向政府提供贷款来支持国家发展,但也会完全按照自己的"意愿"反对政府的无理要求或干预。百姓也可以切实地感受到这一点,即使银行似乎在现实中总是在为国家利益而努力。银行在形式上是完全独立的,代表着反对政治私利的理性之声,这对于百姓来说是至关重要的。银行与政府无关,只是管理财富。1844年,英国正式进

1978年—1988年，1英镑纸币上印有伊丽莎白女王二世的半身像。

入金本位制时期，同时也确定了英镑的世界货币地位，这是因为美国、俄国和日本直到19世纪末期才逐步引入金本位制。

然而这一体系最终走向了崩塌：面对日益严重的失业问题，英格兰银行不得不降低英镑汇率，最终于1931年宣布退出金本位制。而1946年，工党政府在首相克莱门特·艾德礼（Clement Attlee，1883年—1967年，1945年—1951年任职）的领导下，在全国范围内掀起了国有化浪潮，这对英格兰银行来说又是一次巨大的打击。不仅煤炭、钢铁工业及铁路建设受到了国家控制，英格兰银行也难逃这样的命运。纸币的图案也因此变成了伊丽莎白女王二世（于1952年登上王位）的半身像。这清楚地表明国家已经控制了货币。自此，英格兰银行荣光不再，现在的它只是一家普通的中央银行。而英镑不仅要"活"在美元的阴影之下，还会受到德国马克以及日元巨大的影响。

马克

德国的国家货币

德国属于较年轻的国家之一。公元800年,查理曼大帝加冕为"罗马人的皇帝",这为日后德意志民族神圣罗马帝国的建立奠定了基石。他在引入了自己的货币体系的同时,还向周边地区传播扩散。近代德国在大部分时间内是一个拥有众多政治实体的集合体。拿破仑·波拿巴(1769年—1821年,1804年—1814年或1815年任法国皇帝)曾试图推进德国进行重组并重新界定国家边界。但在他去世之后,德国依旧是一个松散的国家联盟。各自独立的王国、大公国、侯国和自由的帝国城市,每一位统治者都有维持原有货币体系和提高关税的权力。而这一切在1866年的普奥战争结束之后分崩离析,取而代之的是维也纳会议上确定的两人联邦政权。北部各政权联合组成了由普鲁士统治的北德意志联邦。

而对于货币秩序来说,这代表着混乱。当时共有17种金币和66种银币处于流通状态,并且其货币基准都不相同。此外还有46种纸币,它们的价值也是完全无法比较的。这给19世纪的民族主义运动增加了额外的动力:此运动长期以来的目的就是建立一个统一的德国。1870年—1871年的普法战争终于让北德意志联邦与其曾经的南德敌人结盟。战争胜利之后,他们联合起来建立了德意志帝国。

从国家货币到欧元

即便德意志帝国建立了，德国仍然没能统一货币，尽管德国人在1871年就决定引入一种通用货币——马克。而在1873年马克正式使用之前，有7种不同类型的货币（包括各种类型的塔勒）仍保持流通。过渡时期并未出现大的问题。但是人们并未立即停止使用旧货币，出于一些风俗习惯，它们仍旧流通了较长一段时间，只是不被作为公认的支付手段。直至1907年，塔勒才真正退出了历史舞台。德意志帝国用了整整36年的时间才完成了统一货币的工作。

为了防止各地区不满情绪的蔓延，政府有意识地控制着新货币的流通进程。与此同时，马克在最初的几年便已经有效地促进了经济的发展。早在1871年和1872年，甚至在政府引入本国货币之前，256家新的股份公司就应运而生，并且全部在柏林。这些公司中有35家银行。毫无疑问，国家与货币的统一为经济活动创造了新的可能性，而这一切需要得到资金的有力

这幅1875年的木版画展示了位于柏林米特区野格大街上的德意志帝国银行大楼。这栋大楼最初为普鲁士银行所建，最终两者合并为新成立的德意志帝国银行的总部。

支持。

1875年,政府决定成立德意志帝国银行(Reichsbank),但并没有对纸币的发行进行垄断。在最初的几年中,还有32家私人银行有权力发行纸币。然而到了1889年,其中19家银行放弃了这项权力,因为发行纸币的同时也需要履行相应的义务。自1906年起,只有4家大型的地区性银行可以发行自己的纸币,直到1935年,这些银行一直保持着这种特殊地位。

1926年5月1日,大量柏林人在卢斯特花园游行,反对战后签订的《凡尔赛和约》。该和约让德国背负了极大的赔偿负担。

铁取代了金

德国马克的地位——与英镑一样——在第一次世界大战时开始动摇。可依赖的黄金资源稀缺，外贸交易中断，供给关系陷入了恶性循环。在德国加入战争仅4天后，也就是1914年8月4日，德意志帝国银行就取消了马克与黄金价格的关联：金本位制已不再适用。当英格兰人仍对英格兰银行保持信心，并坚持与它共进退时，德国人却选择了不同的道路。当时德国的货物变得短缺，而银行仍在不断地发行新纸币。这逐渐引起了民众的不信任，尤其是在每个人都清楚地知道贵金属资源短缺的前提下。最先消失的是镍币，因为战争工业需要大量的镍。紧接着，金币、银币和铜币也纷纷退出了市场，取而代之的是由铁、铝和锌制成的硬币。没有什么比简朴的铁币在钱包里叮咚作响更能凸显德国马克的衰败。但很快人们就意识到可以用毫无价值的纸币兑换昂贵的贵金属。1917年之前，半马克银币是唯一仍旧使用银加工的硬币。但为了防止民众囤积这种硬币，它被涂成了黑色——银行不希望它太快被认出是贵金属硬币。

第一次世界大战的结束带来了一段时间的政治动荡。皇帝退位带来的权力真空引起了各方势力的斗争，他们都想在新的政治秩序中掌握主动权。无论是混乱的政治局势（时刻有可能爆发内战），还是无法走上正轨的经济状况，都使1919年成立的魏玛共和国摇摇欲坠。

恶性通货膨胀

第一次世界大战让德国背上了沉重的债务。与战争支出相关的贷款，加上战胜国巨额的赔款要求，导致德国需要支付的债务是其政府总收入的126%。国家别无选择，只能开动印钞机来满足贷款和赔偿要求。货币政策的变化很快就使得德国的物价飞涨以及货币贬值。总理约瑟夫·维尔特（Joseph Wirth，1879年—1956年，1921年—1922年任职）同意战胜国的赔偿要求，但同时也表示这是一项不可能完成的任务，因为国家将不可避免地会失败。然而，这个被政界批评为"投机政策"（Erfüllungspolitik）的策略并没有起到效果。相反，法国更是呼吁德国政府控制税收以及调整财政政策。

但是这一切为时已晚：大量的无保障纸币使得马克迅速贬值。1922年年初，90马克可以兑换1美元，而到了1922年7月1日，400马克才可以兑换1美元。1923年年初，马克对美元的汇率已经飙升至9000∶1。人们当然注意到了汇率的变化，但却没有意识到其中所蕴含的通货膨胀的规律。他们将价格上涨归咎于商品的短缺。与此同时，他们认为改善商品供应关系可以让价格回到原来的水平。前文提

这张面值为2000亿马克的德国纸币向我们证明了
在1923年可怕的通货膨胀期间，马克的迅速贬值。

到的美国经济学家欧文·费雪当时正在德国旅行,他惊讶地发现大多数德国人仍然认为通货膨胀只是暂时的,即使德国马克已经损失了其原始价值的近98%。许多房屋所有者甚至坚定地卖掉了自己的房子,因为他们认为居高不下的物价会给他们带来高额的利润回报。而商家为了控制成本而使用各种劣质配料制成的一种所谓的"50芬尼面包",在1922年的售价竟然高达13.5马克。

正如约瑟夫·维尔特试图证明的那样,战争赔款不是现在的德国能够负担得起的。而战胜国的回应也很简单:法国与比利时于1923年出兵占领鲁尔区,希望以此得到强制赔偿。从这一刻起,德国马克彻底落入了无底的深渊。马克的汇率每天,甚至每小时都在发生改变,而在短短的几周时间内,其价格呈现了几何级数的变化。1923年6月1日,1美元可兑换10万马克;9月1日,1美元可兑换1000万马克;10月10日,1美元可兑换100亿马克;10月25日,1美元可兑换1万亿马克;而11月15日,这一汇率达到了顶峰,1美元可兑换惊人的4.2万亿马克。而这一天面包的价格是5800亿马克。

此时再也没人相信物价会回到原来的水平。当时的工人在每天下班领工资时,他们的妻子都会带着洗衣篮和麻袋在工厂门口收钱。因为这样她们可以尽快赶往最近的商店,然后在货币进一步贬值之前买到商品。民众只能选择囤积实物商品。只有桌上的食物和身上的衣服才是最重要的;家具、工具和其他不易腐烂的商品才能保值。

印钞机的工作量永远跟不上需求量。全国约有1723台帝国银行和私人印钞厂的印钞机投入使用,但这仍旧无法满足全国各地的需求。许多旧纸币只是被简单地印上了新面额。这一切发生得如此匆忙,以至于科隆的德意志帝国银行分行在开始印刷之后都没有通知位于柏林的总部。例如,一名男子在慕尼黑想要使用20马克的纸币付款,但纸币上却印有新的金额"1百万",他甚至会因为涉嫌使用假币而被逮捕——就好像在如此环境下打击假币仍有意义一般。

危机带来创造力：1923年，德国北部城市申贝格发行的面值为50芬尼的应急货币。

人们伪造的可不只货币，还有商品。食物供给变得越来越紧张，一个又一个可怕的谣言在坊间流传。例如在柏林，据说很久以前，香肠就是用狗肉制成的。商铺里没有商品，而黑市商人的买卖却越来越红火。他们是那些游荡在街头的可疑分子，出售着来路不明的商品。最初这些商人会漫天要价，但当他们发现任何纸币都只是一张废纸之后，转而选择以物换物。人们拿着银器、珠宝和其他传家宝交换黄油和香肠回家。

即便是新印刷的且不断增加面额的纸币也无法满足飙升的货币需求。由于现金的长时间短缺，一些城市、社区甚至是公司自1914年起便一直在发行自己的应急货币，而现在却不得不继续大量发行自己的货币。到恶性通货膨胀结束时，大约有6万种不同类型的应急货币投入市场。民众对此似漠不关心。人们对货币的价值已不再抱有期待，因此，无论是德意志帝国银行、市政当局发行的货币，还是雇主自己发行的货币，它们都不再有任何区别。其中许多货币只在有限的地区内有效，甚至还有有效期。货币的真正意义在于可以不限时、不限地发挥作用，而现在它不仅由于通货膨胀的加剧失去了其实际意义，而且在形式上也变得荒谬。

　　一部分应急货币试图通过特殊材料或是特别的印记来保证自己一定的价值。当时出现了由蕾丝或者是其他材料（如亚麻、天鹅绒或者丝绸）制成的货币；还有用陶瓷、木材、皮革或铝制成的货币；还有印着工艺感十足的花纹的布浆纸货币。此外，还有一些应急货币上印着带有鼓励性或讽刺性的口号，而更多的则是发人奋进的口号。许多口号都提到了国家或这片地区的过去，试图增强百姓的凝聚力。为了达到这样的目的，有些口号甚至对法国和其他一些邻国进行了诋毁。例如，以生产夜壶出名的哈尔登斯莱本（Neuhaldensleben）就发行了印有夜壶图案以及暗讽《凡尔赛和约》题词的应急货币：

　　"不用撕毁屈辱的合约

　　就扔在这个壶里，对，就是这个

　　整件事情都是可耻的"

而来自西里西亚（Schlesien）的应急货币的题词中则将邻国波兰描述为"低劣的抢劫犯、谋杀犯"。同一地区的另一种货币上的口号则呼吁人们重新征服第一次世界大战后被割让的东部领土，其口号为"我们要前往东部"或是"血与铁的融合，铸成新的宝剑"。

　　为了创造国家意识的应急货币上的题词总是会有意地提到德意志帝国，并且和魏玛共和国划清界限，因为后者被视为一次失败的尝试。因此，人们可以在一张马格德堡的应急货币上看到这样的文字：

　　"你会选择什么？

　　无政府状态还是有序社会？

　　共产主义还是财富？

　　阶级斗争还是和解？

图为1927年诺贝尔和平奖获得者古斯塔夫·斯特莱斯曼（Gustav Streseman, 1878年—1929年）。

浪费还是节俭？

毁灭还是重建？

埃茨贝格还是俾斯麦？

共和国还是帝国？

黑—红—金还是黑—白—红？

国际还是德国？"

货币的另一面则是对通货膨胀的讽刺与嘲笑。例如，1921年萨克森州的格劳豪（Glauchau）发行的应急货币上以简洁的形式援引了弗里德里希·席勒（Friedrich Schiller）的《大钟歌》（*Lied von der Glocke*）："圣洁已不存在，世间已被恶统治。"他展示了民众在"金牛犊"周围跳舞的景象，这个圣经中的偶像象征讽刺了他们对于金钱和财富的过分崇拜。类似的还有1921年巴特沃里斯霍芬（Bad Wörishofen）发行的25芬尼面额的应急纸币，纸币表面的图文明确表示这种纸币分文不值：

"用这种钱，

你一个面包也买不到。"

这一系列特殊的应急货币不仅表达了人们对价值稳定的渴望，还有着更深层次的含义。所有的货币，即使是那些价值极低但稳定的货币都被囤积起来；像用陶瓷或蕾丝制作的应急货币，人们囤积的目的是将它们卖给收藏家以兑换大量商品，而不是弥补劣币。尽管这是不合法的，但真正起到替代货币作用的是那些以美元为基准发行的应急货币，而不是以马克为基准，或者是可购买黑麦、小麦、糖、木柴、煤炭、砖或者其他服务的优惠券。来自珀斯内克（Plößneck）的皮革钱甚至被预先切割成了靴子的鞋跟形状；如果人们无法使用它进行购物，那它也至少可以起到原本的实际作用。

到通货膨胀结束时，德意志帝国银行共发行了524万亿马克，此外还有大约700万亿马克的应急货币。当时的人们不再说"发生了通货膨胀"，而是说"人们制造了通货膨胀"。德国人眼中的罪人，包括法国人和犹太人，他们在那些年遭受了无法想象的诽谤。通货膨胀彻底击碎了人们对共和国的信心。据称当时甚至有人认为政府故意制造了通货膨胀，为了令行业巨头以及那些不道德的投机者和"赌徒企业"从中受益，无耻地剥夺了自己同胞的财产。作为实业家以及国会成员的胡戈·斯坦尼斯（Hugo Stinnes，1870年—1924年），正是这一敌对形象的最佳代表。通货膨胀时期，斯坦尼斯利用低廉的贷款迅速扩建了自己的"商业城堡"。通货膨胀结束时，他甚至可以用现金支付自己商业帝国中所有小公司的债务。在他去世时，其名下有超过4500家公司。

一方面，一部分人通过有预见性的借贷以及商品囤积在这次通货膨胀中累积了大量的财富；另一方面，大量中产阶级的储蓄存款在短时间内被吞噬一空。古斯塔夫·斯特莱斯曼——1923年出任魏玛共和国的总理和外交部部长——在1926年获得诺贝尔和平奖时发表的演讲就十分明确地表达了这种不公正的现象。他还指出对德国造成最大影响的并不是第一次世界大战后的领土损失，而是通货膨胀带来的知识分子以及中产阶级的无产阶级化。

地产抵押马克带来的奇迹

而噩梦却在一夜之间画上了句号。1923年11月15日，成立仅一个月的德国地产抵押银行开始发行货币：地产抵押马克（Rentenmark）。它与帝国马克的兑换率为1∶10亿，但与后者相比，它依靠地产证明所拥有的实际价值超过32亿金马克。人们又一次通过抵押农业产品、工业产品以及地产来为货币做担保。每家公司以及每位房地产业主都必须向政府支付占土地租金的6%的"土地费"，这就是新货币的资金基础。简言之，地产抵押马克模型的基础正是土地，在大革命前的法国以及汉密尔顿总统领导下的美国，这种经济模型于控制货币和金融方面都取得了成功。如果不能指望新共和国政府及其政策，那么人们至少要相信自己赖以生存的土地。人为守护的"父亲国家"的理念越来越多地让位于代表地球、土地与人民的"母性原型"，因为它具有稳定性与永久性。硬币与纸币上的禾束和稻穗，以及农民形象都在刻意打造这种脚踏实地的象征，有意识地建立人们对地产抵押马克的信任。这足以让人们再次相信此货币。地产抵押马克突然之间形成了稳定的市场。

地产抵押马克根本不是一种法定货币，没有人有义务接受它，但票面上神奇的数字和图案却迅速止住了货币贬值的趋势。地产抵押马克甚至在短时间内完全取代了帝国马克，而后者于1924年8月以1∶1的兑换率被重新引入。与地产抵押马克不同，全新的帝国马克没有土地作为担保，但依旧赢得了人们的信心。在官方文件中，法律不再允许使用"地产抵押马克"这一词语，这种非常受欢迎的货币无法在国家层面上长期存在。这种情况并非无缘无故地发生：地产抵押马克已经获得了民众的一种全新的信任感，这导致帝国马克无法作为平行货币顺利地流通。然而地产抵押马克并没有立刻消失，直至1939年仍在发行流通。随着1948年的西德货币改革，它才正式退出了历史舞台。

从国家货币到欧元 |

这张新闻照片展示了西方国家占领区内进行货币改革时引入的德国马克。

德国人再次开始消费。经历了第二次世界大战的创伤之后,德国人再次展现了全新的自信。图为1955年大众甲壳虫的广告海报。

式来纪念这一历史性的时刻。工资和租金按1∶1的比率兑换为新货币,而现金以及储蓄金额平均以100∶6.5的比率进行兑换,以弥补帝国马克贬值造成的差价。许多德国人将这次货币改革看作将所有人拉回到同一起跑线的开始,因为在1923年改革之后,拥有存款的人总是不及拥有有形资产的人多。橱窗在一夜之间被全部填满的景象依旧深深地印在了每个人的记忆里,德国人全都惊讶地站在前一天还空空如也的柜台前。突然之间,你可以买到自己之前梦寐以求的所有商品。人们不再是拿着配给券的哀求者,而是客户。多年来,人们的生活中只有商品稀缺、配给券和黑市,因此所有人都不约而同地将这种新状况视为一个"奇迹"。1934年出生的著名文学评论家哈尔默斯·凯雷瑟克(Hellmuth Karasek)用一句话总结了这一切。正式引入德国马克的那一天,他人生第一次在杂货店中听到了这样的话:"可以再多买一些吗?"

在今天的人看来,商店橱窗摆满琳琅满目的商品是十分平常的。然而极具时代特色的文字为我们记录下了那段零售商和农民不敢出售商品的时光。随着商店的再次开张,各式各样的商品又一次被摆上柜台,人们很快就对商品是否会再度短缺产生了疑虑。全国许多地方都出现了示威活动,因为在新货币流通后的头几个星期,人们都在密切关注价格的变化。自1923年以来,通货膨胀造成的焦虑与恐惧已经造成了一种特别的德国式疾病,使人深陷其中。然而商品并没有再次消失。第一轮冲击的影响渐渐退散,商品价格也回归正常。

随着1949年德意志联邦共和国的成立,社会市场经济模式以及作为新货币的德国马克走上正轨,当时的经济部部长路德维希·艾哈德(Ludwig Erhard,1897年—1977年,1949年—1963年任职)带领德意志联邦共和国走进了"经济奇迹"时期。这在很大程度上是通过美国的"马歇尔计划"实现了西欧经济的重建。从今天的角度来看,德国从1948年到20世纪60年代中期的经济发展是一个奇迹,它不仅提供了更高的生活质量,还使得德意志联邦共和国在几年内从一个基本上已经破败的国家转变为一个完整的、活跃的经济体。20世纪50年代,德意志联邦共和国人的座右铭是:"我们不再默默无闻。"事实上,德国马克和社会市场经济模式有助于增强他们的自信心并确保百姓的生活水平。随着第三帝国的垮台,德意志联邦共和国抛去了原本作为战争和文化国家的旧身份,现在的它正逐渐成为一个经济和体育国家(在1954年赢得世界杯冠军之后)。此外,德意志联邦共和国的新文化发展也为它重新获得文化大国的身份添砖加瓦,例如作家汉斯·维尔纳·里希特(Hans Werner Richter,1908年—1993年)创立的四七社(Gruppe 47)。

在德国马克的阴影下

随着3个西方国家占领区完成了货币改革,苏联占领区感受到了压力。为了防止来自西部地区的旧帝国马克流入苏联占领区,并引发恶性通货膨胀,他们必须快速采取行动。因此,在1948年6月20日德意志联邦共和国进行货币改革仅3天后,包括东柏林在内的东部地区也进行了货币改革。最初百姓可以将70帝国马克兑换为70个德国马克(东德也使用这个名字),所以兑换比例为1∶1。由于新的硬币与纸币仍未制作完成,所以人们首先使用的是印有全新金额的旧的帝国马克币。人们也因此在初始阶段嘲笑新的东德货币为"粘贴币"(Klebemark)或"台布币"(Tapetenmark)。

随着德国马克引入东德,苏联希望巩固自己对西柏林的权力影响,因为西柏林的西德货币改革尚未实施。"德国国家银行的德国马克"也将适用于柏林西部地区,西方国家同盟对此做出了反应。这一切都发生在同一天:6月23日。而苏联在6月24日立刻做出回应,切断了自己与德意志联邦共和国及西柏林之间的水陆连接:持续近1年的柏林封锁开始了。

图为德国国家银行于1964年发行的德国马克,上面印有弗里德里希·席勒的肖像。

当成立于1949年的德意志联邦共和国庆祝西方的经济奇迹时,同年成立的德意志民主共和国也在为赢得这种经济自豪感而努力发展。然而这很困难,因为苏联占领区并不像其他西方国家占领区一样获得了"马歇尔计划"中美国所承诺的援助支持。此外,德意志民主共和国人民还必须偿还苏联巨额的战争赔款。面对令人绝望的经济形势,德意志民主共和国只能步履蹒跚地向前迈进。尽管如此,从德意志民主共和国早期的表现来看,人们坚定地认为:正如20世纪60年代末期和70年代初期一样,德意志民主共和国的经济发展依旧有机会超越德意志联邦共和国。

德意志民主共和国的马克纯粹是本国货币。它既不可以兑换成其他货币,也不被允许用于进口和出口。经济互助委员会(RGW)的合作伙伴之间,整个东方集团的经济联盟内部的所有对外贸易都是在卢布的基础上进行的,但是卢布不能用于国际贸易。可兑换货币(西方货币)的稀缺使它与西方世界之间的贸易变得更加困难。德意志民主共和国许多商品的价格都被固定在战前水平,这是为了保证经济的稳定性。1970年—1989年，德意志民主共和国人民的生活成本下降了约0.5%；价格上涨则是通过减小包装尺寸或推出更昂贵的后续产品来隐藏痕迹。保持不变的价格和增长缓慢的薪水难以带来经济繁荣。20世纪七八十年代，供给"瓶颈"不断涌现，因为购买力的增长无法反映在生产力的提高上。公司往往缺乏原材料、维修零件或技术创新来维持产品供应。日常用品仍旧可以满足需求，但除此之外的所有商品都非常稀缺。要想在德意志民主共和国买到高品质的商品，只能通过所谓的针对德意志联邦共和国客户的国际商店、黑市渠道，或者与物主直接交换。这些稀有商品逐渐取代了货币的位置。例如，偶尔才会出现在货架上的Wernesgrüner啤酒，常被人称作"福格特兰县的美元"（Vogtland-Dollar）。

多次被重新命名的货币——直到1964年它一直被称为德国马克，1964年—1967年被改为德国国家银行马克，1990年之后则被称作民主德国马克——并没有完全取得民众的信任。德意志民主共和国的货币结构在树立民众信心方面完全没有起作用。1956年，新一轮硬币发行时，政府试图用铝合金制成的劣质硬币蒙混过关，宣传语更是将这些新硬币视作新社会主义社会的标志。《柏林日报》这样写道："光亮，圆润，轻便，美观。"然而民众轻蔑地称它为"铝片子"（Aluchips）。1969年，当大量20芬尼面值的黄铜硬币开始流通时，自动售货机无法区分轻质铝币，因此改变现状变得十分必要，政府很难让铝质硬币继续保持流通。人们这才意识到这种黄铜硬币的优点，并开始了大规模的囤积。

1974年，德意志民主共和国法律不再禁止私人拥有西方货币，随之而来的是民众对民主德国马克信心的彻底崩塌。从这一刻起，德国马克可以正常地在德意志民主共和国流通，其意义远不止于此：对于民主德国的百姓来说，各种支付方式存在明确的优先级，而民主德国马克则在这一排名中垫底。相比之下，使用德国马克，民众可以购买所有的服务以及囤积商品。虽然国营的精品店及熟食店宣称自己会为使用民主德国马克的顾客提供更优质的商品，但公众对这样的承诺持怀疑态度：这些商品真的可以和来自西方或国际商店的商品竞争？百姓甚至用

"Uwubus"（乌布利希的"暴利小摊"，Ulbrichts Wucherbuden）来嘲讽这些定价过高的仿制品。那些在"暴利小摊"购买商品的人必须做好被狠敲一笔的准备。而精品店和熟食店通过这种方式也能够提高价格，这在一定程度上解决了因工资上涨而价格普遍保持不变的问题。而用民主德国马克能买到的其他商品都很普通，每日新鲜的食材是个不错的选择。除此之外，百姓还是依赖纯粹的货物交换，用商品交换服务或是服务交换服务。这种易货贸易在德意志民主共和国社会中发挥了巨大作用，并被国家宣传为公民的美德。

平等的呼声

1989年11月9日，柏林墙的倒塌是德国近代历史重要的转折点之一，德国恢复了统一。有趣的是，正是人们对德国马克的诉求促成了这一事件。所有已经获准进入德意志联邦共和国的德意志民主共和国公民都有权获得一笔高达100德国马克的所谓的"欢迎金"，这一金额在1988年最后一次提高。德意志联邦共和国政府希望，通过这笔款项使那些没有可兑换货币的德意志民主共和国居民在逗留于德意志联邦共和国期间也能够保证自己的基本生活。而在柏林墙倒下的头几天，这笔款项的总支出高达数百万。许许多多的媒体图片向全世界人民展现了这一事件的真实面貌：边境口岸两旁欢呼的人民，穿梭于人群间的小孩，陌生人热烈拥抱。另一幅照片的内容则是在德意志联邦共和国银行门外排着的无尽的长龙，以及那些刚走出来的欢呼雀跃的人。

很快，城市街道上就出现了民主德国马克和德国马克兑换的市场。兑换价格波动剧烈，有时甚至出现了20∶1的兑换率。由于民主德国的固定价格策略和混乱的供应形势，人们很难确定民主德国马克与德国马克之间的兑换关系。兑换这种劣质的货币让德意志民主共和国人民感到羞耻。在货币兑换中，1000民主德国马

| 全球货币进化史

1990年5月18日,财政部部长西奥·怀格尔(Theo Waigel)与沃尔特·隆伯格(Walter Romberg)在波恩签署了德意志联邦共和国与德意志民主共和国之间有关经济、货币及社会领域的国家条约。图中后排两人为联邦德国总理赫尔穆特·科尔(Helmut Kohl)及民主德国总理洛塔尔·德·梅齐埃(Lothar de Maizière,德意志民主共和国第一位民主选举产生的总理,同时也是最后一位)。

克（德意志民主共和国人均月薪）只能兑换50德国马克——这是德意志联邦共和国人民日常零用钱的金额。

要求平等的呼声越来越高。难道德意志民主共和国的人民没有为他们的生活费而努力工作吗？他们难道不是德国人吗？为什么他们每月的工资只能在德意志联邦共和国购买一些香蕉、一瓶除臭剂和一张唱片？许多人，特别是年轻人和受过良好教育的人，都因此离开了德意志民主共和国，搬到了德意志联邦共和国居住。如下口号越来越频繁地出现在示威游行中："如果引入德国马克，我们就留下来；如果它不来，我们就会去找它！"德意志联邦共和国政府意识到，如果民众大规模地从东部迁移到西部，那么解决这种不平衡的办法就很难立刻被找到。最终得出的结论是，只有尽快将德国马克引入东德，才能遏制这种情况的发生。然而这在经济学专家看来，问题仍旧很多。双方的经济发展水平、生产力水平及财富的差异是如此明显，以至于在双方看来，货币统一在短期内根本就是无稽之谈。对于双方来说，至少在1993年之前，灵活的汇率才是一个更现实的选择。

然而市井之言却并非如此，德意志民主共和国民众强烈要求统一货币。德意志联邦共和国中央银行委员会希望以2∶1的比率兑换，但却引来了全国性的大规模抗议活动：人们希望的汇率是1∶1。虽然德国马克和民主国马克是完全不同的货币（它们除了名称之外没有任何共同之处），但许多德意志民主共和国的公民很清楚，只有货币统一了，他们才会被平等地视作德国人。德国统一社会党领导人（SED—Staatsführung）不也一直在宣传两种马克是相同的吗？普通百姓并不知道，他们通过外贸赚得的德国马克，其价值为4—5倍民主德国马克。他们能够想象交易局中可能出现的惊天汇率，但自己无论如何也无法接受。"我们是统一的民族——1∶1。"这样的标语时常出现在当时的抗议横幅上。

尽管政府似乎已经走投无路，只能接受民众的诉求——推行统一货币，但一些德意志民主共和国市民还是在1990年年初将自己的积蓄兑换成了德国马克。交易地点在西柏林动物园火车站，年限较长的储蓄只能以1∶20或是1∶10的汇率

1989年11月10日,东德公民在西柏林的一家银行外排队领取他们的欢迎金。

兑换，而仅有几个月之久的储蓄则可以以1∶1的比率兑换。许多人都不相信他们的要求会得到满足。人们都担心这会导致自己的资产贬值，如果像1948年的货币改革一样，那自己甚至会在一夜之间倾家荡产。与此同时，多年来人们对商品的渴求也积聚到了顶点。

货币统一终究还是来了，但是每个人可以以1∶1的比率兑换的数量是固定的，其金额根据储蓄年限的不同在2000—6000马克之间变动；超过这一限额的存款则可以按照2∶1的比率兑换。1990年7月1日，即货币统一生效的那一天，对许多德意志民主共和国公民来说是终身难忘的一天。储蓄银行前的队列长龙说明了一切，每个人都迫不及待地从银行账户中取出第一张德国马克。这一刻，他们还取回了属于自己的尊严。

公民的愿望得到了实现，但政府却无法预测货币统一会带来的经济影响。政府慷慨的兑换率在很大程度上挽救了自己的储蓄，从而为国内需求提供了强有力的后盾。但与此同时，公司的生产成本和劳动力成本在一夜之间成倍地增长：之前还是使用民主德国马克来结算，现在却要用德国马克支付相同的金额。这进一步扩大了东德与德意志联邦共和国在经济生产力与增长率上的差距。那些年不断有公司破产。德意志民主共和国民众此前从未体验过的失业问题达到了令人发指的程度。他们只能目瞪口呆地看着商品的价格调整到德意志联邦共和国的水平，而自己的工资却仍远低于德意志联邦共和国人民的工资。"二等公民"的自嘲也随之而来。货币统一平等地对待了东、西德公民，却没有在两者之间创造真正的平等。在德意志民主共和国于1990年10月3日解散并加入德意志联邦共和国后，统一的德国开始了艰辛而又代价昂贵的同化之旅。直至今日，这一进程仍未完成。

日元

日本开埠

今天的我们很难想象：如果没有日本的出口贸易及创新力量，那么世界经济将会怎样。然而，这种成功却十分年轻。如果日本德川幕府的将军没有在1603年—1868年的江户时代末期选择以闭关锁国为代价，以此来确保这个民族在新时代长久的和平，又没有走上面向国际的艰辛探索之旅，那么这一切都不会发生。

东亚文明一直与西方文明保持着相近的步调，对日本来说尤其如此。早在17世纪，尽管日本岛处于完全的孤立状态，但是前工业化时代的制造业、批发商和银行都在那里得以蓬勃发展。但日本的政治、社会及经济的组织结构与国际贸易中普遍采用的规范不相符。例如，黄金和白银货币在日本可以同时流通，但是其相互价值比是不固定的，因此必须每天重新定义。这对于国际贸易来说是非常不切实际的。江户时代结束时，日本虽是一个富裕且自豪的国家，但尚未做好对外开放的准备。

1853年，随着西方商船，即所谓的黑船，出现在日本东京湾浦贺海面，江户时代迎来了终结。由美军指挥的船只带来了总统米勒德·菲尔莫尔（Millard Fillmore，

1800年—1874年，1850年—1853年任职）的信，他在信中要求日本开放港口。日本最终于1854年，被迫签订了一系列合同并开放港口。美国开始与其建立外交关系，为进一步的贸易寻求便利，其中包括美国人在日本的不可侵犯权。这次激进的开放对于日本来说是一次全新的体验，也让日本人感到不安。这段时期的一首幽默诗《Kyōka》正反映了这种情绪：

"睡梦中醒来

感受这个和平祥和的世界

品一品上喜撰（一种日本茶，与蒸汽船同音）

只要四杯

就再也没有安宁的夜晚。"

但根据词语的多义性，这首诗也可以这样理解：

"蒸汽船

打破宁静的夜晚

太平洋上

仅四艘船

就足以夺走我们的睡眠。"

随着港口的开放，西方货币开始涌入日本。这威胁到了日本原有的货币结构，尤其是黄金与白银的平价兑汇，即黄金与白银的价值比在日本将会大幅波动。在西方国家看来，硬币的价值可以单纯地以其质量来确定，而各国货币间的兑换关系也能据此来确定。100墨西哥元（当时亚洲主流的贸易货币）可以兑换311枚天宝一分金（Tempo IchibuGin），而后者的银含量明显更高。一分金又可以兑换成质量更高的小判金币（Koban-Münze），由于其原材料价值，小判金币可以在国外换回数量更多的银元。每个人都可以无忧无虑地发家致富，只要这个国家的金币还没有被搬空。日本绝对不愿意看到这样的场景，因此在1859年发行了新的硬

这幅插图描绘了美国代表团于 1853 年 7 月将总统菲尔莫尔的信件交付给日本天皇时的场景。

币——安政二朱金（Ansei Nishu-Gin）。在重量和纯度方面，其水平均高于天宝一分金，而2枚安政二朱金可以兑换1墨西哥元，它们的实际价值几乎相等。然而，美国、英国、俄国、荷兰和法国仍旧迫使日本签订了仅按质量确定货币兑换率的条约。各国拒绝使用价值更高的日本银币，并坚持3枚一分金兑换1墨西哥元。日本人无奈地做出选择：对天宝、小判进行再升值，与此同时发行新的、价值更低的金币——万延小判（Man'en Koban）。

百姓又一次躲过了灾难。然而货币体系的变化导致物价大幅上涨。此外，越来越多的外国硬币在日本流通。

为混乱的货币体系建立秩序

明治天皇（Tennōs Mutsuhito，1852年—1912年）统治时期，也就是自1867年至其去世，日本彻底向西方世界敞开了国门。德川王朝最后一位幕府将军于1868年失去权力之后，日本历史上所谓的"明治维新时期"开始了。封建制度被废除，武士阶级失去了他们的特权。国家引入了公立学校，并开始采用公历纪年法。

明治维新开始后，大量不同的货币在日本国内流通。内阁根据国家黄金储备发行货币，地方当局也印制了自己的纸币，幕府将军及各大将军都发行了属于自己的铜币。因此，明治天皇决定按照西方模式进行货币改革，而在将新货币单位确定为"円"（yen）时，则借鉴了当时中国为海外货币所取的名字"元"（yuan），意为"圆形的东西"。1870年秋，基于国际公认的白银标准铸造的日元首先以1円面额硬币的形式出现，其质量和价值都与墨西哥元相等。1871年，日本官方正式开始使用日元，日本社会自此迈入了十进制时代。

明治天皇肖像，明治"Meiji"源自其座右铭，意为"开明的政府"。

| 全球货币进化史

这张照片拍摄于1872年的旧金山,图中为岩仓使节团(Iuakura-Mission,1871年—1873年)的5名成员,他们都是当时日本的高级政客。他们的3年考察旅程决定了日本在长时间闭关锁国之后的现代化进程的方向。

日本后来的第一任首相伊藤博文（Itō Hirobumi，1841年—1909年，1885年—1888年、1892年—1896年、1898年和1900年—1901年任职）进行了为期3年的所谓的"岩仓使节团"考察，造访了美国、英国和其他一些欧洲国家，以交流学习外交开放策略。在访问中他意识到，日元将不得不长期受制于这些国家的货币。然而这是一个漫长的过程，直到1897年，也就是25年之后，日本才引入了金本位制度。

岩仓使节团在西方的所见所闻，促使团员们在政治、经济和科技方面形成了深刻见解，进而推动了本国的发展。日本改革在西方知识以及被邀请回日本的各方专家的加持下不断提速。由明治维新发起并于1890年通过立宪巩固的新国家制度——拥有绝对天皇权威的君主立宪制——显然受到了年轻的德意志帝国的启发和影响。而新的货币及金融体系则主要基于美、英两国的相关体系，私营银行扮演着国家银行的角色。1872年颁布的《国家银行法案》则被寄予进一步促进日本经济发展的希望。除国家货币之外，私营的"国家银行"也有权发行自己的货币。但是它们的价值基础都是黄金，它们随时可以按确定的比率兑换成黄金。然而，由于国家银行本身并没有作为兑换中心的义务，因此这种特权对它们来说没有吸引力，在最初的几年里，只有4家银行使用了这种特权。

日本政府对首批纸币进行了标准化，4家国家银行可以在标准化纸币上印上银行名称、银行行长的姓名以及银行的印章。这一措施对货币的统筹管理有很大的帮助，因为在放宽黄金基准以及起始资本后，银行数量在1879年之前就已经飞涨至153家。日本政府将货币的印刷工作交给了一家美国公司。我们可以很明显地注意到其在样式和颜色上与美元的相似之处。

大量有执照的国家银行也带来了弊端。在短短几年内，日元就失去了它的可兑换性。此外，日本政府自1877年起为了应对"西南战争"（Satsuma-Rebellion，旧萨摩藩士族反抗明治政府的叛乱），而绕过国家银行独自发行了政府货币。战争

"关东大地震"后的东京残景。

以购物街及夜生活闻名的银座地区只有零星几座建筑幸存。

虽然最终取得了胜利，但日本也付出了昂贵的代价。对"最后一位武士"西乡隆盛（Saigo Takamori，1828年—1877年）的胜利，一方面确实为日本社会的现代化铺平了道路；另一方面战争的巨大财政负担也破坏了货币体系，大量印刷发行货币导致物价大幅上涨。隆盛被视为民族英雄，而且前武士家族在国家首脑机关中依旧有强大的话语权：他们资助了大型的国家银行之一。金融体系收紧，银行系统集中化改革迫在眉睫，于是"日本银行"（Nippon Ginkō）在1882年正式成立。日本银行的首要任务并不是发行新的货币，而是控制已经在流通的货币，为日后引入可兑换的日元做好经济方面的准备。

1885年，日本银行发行了自己的第一批纸币。银行采取了各种措施使纸币处于更加安全的环境下，以防止假币的出现。该纸币的色彩是明亮清晰的淡蓝色，难以被伪造，而且纸质也通过魔芋根粉得到了加强。然而不幸的是，这些措施却未经受住实践的考验：浅蓝色颜料中的铅很容易发生化学反应，使纸张变黑；而魔芋根粉的香气对昆虫和老鼠有着神奇的吸引力。但除这些问题外，日本的货币体系的确在蓬勃发展。决定于1873年引入的金本位制也在这段时间内正式完成。自1897年起，全部硬币与黄金价值挂钩，纸币与黄金价值挂钩的起始日期则是1899年。

背白纸币

日本在明治维新期间经历了意想不到的繁荣，而将首都从京都迁至东京也在其中起了很重要的作用。除此之外，信贷服务的兴起也为这种繁荣的实现创造了条件。然而，第一次世界大战引起的国际贸易以及金融危机也蔓延到了日本，因此这样的上涨普遍不被人看好。出口总量的停滞不前使日本公司陷入了危机。银行随后便收紧了信贷策略。而1923年9月1日的"关东大地震"（Große Kantō-Erdbeben）使情况进一步恶化。8.2级的大地震造成了至少14万人丧生。人口稠密的横滨市以及东京西区几乎被完全摧毁，因为地震发生时，很多家庭刚刚开始生火做午饭。火势无法得到控制，而附近地区的台风进一步导致大火蔓延。由于水管被地震破坏，火情直到两天之后才被控制住。这场灾难造成190万人无家可归。

地震使民众无力偿还自己的贷款。政府承诺将保护受灾者，这意味着当地贸易商们暂时不需要支付他们的商业贷款。本已陷入危机的银行现在还要面临额外的压力。日本银行推出新的贷款计划，以帮助这些银行获取新的资金。这种银行系统内的稳定策略在最初取得了一定的成功。但是财政部部长片冈直温（Naoharu Kataoka，1859年—1934年，1925年—1927年任职）不经意间关于东京渡边银行（Tōkyō Watanabe Bank）资不抵债的言论引发了民众的疯狂提款。东京渡边银行确实曾存在资金流动方面的问题，但实际上这一问题已经完全得到了控制。惊慌的投资者们的举动反而迫使银行陷入瘫痪，并导致其破产。这也让片冈直温先前的错误言论成为现实。

更糟糕的是，当时台湾的中央银行"台湾银行"也遇到了财政问题。台湾银行在当地是日本企业的重要合作伙伴。当它突然无法向最大的日本贸易公司"铃木商店"（Suzuki Shoten）提供贷款时，1927年的第二次银行业恐慌也随之而来，此时距离片冈直温发表错误言论仅仅过去了一个月。32家银行不得不在4月和5月停止运营，另外45家银行则在当年晚些时候关张。政府随后公布2家银行自关闭日以及未来3周暂停所有取款服务。在此期间，银行将尝试取得新的资金，包括通过所有常规融资渠道取得的"特殊贷款"。这些纸币离开印钞厂后就直接投入了使用。夜以继日的印钞工作也弥补不了巨大的资金需求。由于时间紧迫，这段时间内的纸币都只单面印刷，它们在日本历史上被称为"背白纸币"。

成长为出口大国

日元在1927年的危机中幸存了下来，但1929年的世界经济危机紧随而来。几年之后，日本又参与了第二次世界大战，这使日本摇摇欲坠。这场战争摧毁了日本人自1868年以来积累的诸多心血，当时40%的工业设施被毁坏。货币体系的状况同样糟糕：战争快结束时，通货膨胀已经无法控制；而在战后，物价仍在继续飞涨。1934年—1945年，物价平均每年上涨44%。仅在1945年8月—12月，商品价格就再次翻了一番。

1946年2月，政府准备通过冻结银行存款以及停止提取现金的方式来改革货币体系。当月月底，新的日元面世，之前被冻结的账户也再次得以使用。由于缺乏新纸币，部分新日元仍旧以旧纸币的形式流通，只是贴有标志，就像德国"台布币"一样，但它们在2年后的货币改革中发挥了重要作用。与此同时，日本政府还引入了商品价格管控系统。

改革在短期内产生了积极的影响。大约四分之三的旧货币在几周内被彻底淘汰，但随后流通的资金量再次增加。不过由于商品经济停滞不前，所以这样的举措无法提高人们的生活水平，只会使物价继续上涨。政府认为唯一的出路在于重建重点产业，于是专门为煤炭及钢铁工业的复苏设立了新的银行。但是微弱的增长势头还是难以敌过通货膨胀的冲击。直到来自美国的经济顾问约瑟夫·道奇制定了"道奇路线"（Dodge-Linie），日本经济才真正重归稳定。他于1949年3月提交的计划，旨在通过激进手段巩固国家预算，提高税收政策的效率，遏制国家干预，并以360∶1的比率将日元与美元挂钩，以保持日本的出口商品的物美价廉。

这些措施取得了初步成功，并按计划加强了日本的出口经济。此间爆发的朝鲜战争（1950年—1953年）也对经济的复苏起到了重要的作用。美国对军用品的需求日益增加,这给日本经济注入了动力,即使在战后也一直推动着日本经济的持续发展。1952年,美国结束了其在日本的军事占领。由于经济的健康发展,日本政府在1956年宣布战后时期结束。日本经济终于开始高速增长,并一举跻身世界领先的工业国家之一。

1955年,巴黎摄影展上展出的来自日本的微型相机。

欧元

欧洲统一货币

随着2002年欧元的引入,欧盟创造了历史。通过建立跨国货币体系,各种国家的货币被废除,各国间的经济联系变得更为紧密。为了简化贸易流程,促进良性竞争,针对内部供应商的各种阻碍均被取消,如关税、激励措施等。因此,欧盟成为世界领先的经济体之一。但是,这个庞大项目的方法并不新颖,即使它的体量是独一无二的。此前就有过几次各国建立长期的跨境货币体系的尝试。例如,1872年—1931年的斯堪的纳维亚货币联盟今天仍然反映在丹麦、挪威和瑞典的同名货币中;1865年—1914年(正式结束日期为1926年)在法国、比利时、意大利、瑞士和希腊之间出现的拉丁货币体系——即使它并未取得永久性的成功,但也是这种努力的直接体现。

一方面,历史事例表明,一个国家的统一并不代表着本国货币的出现。无论是1776年的美国还是1871年的德国,人们都出于实用性的考虑想要建立统一的货币体系。然而,美元和马克都经历了几十年的风雨飘摇才获得了本国唯一货币的地位。另一方面,历史上也存在统一的货币制度出现在政治一体化之前的情况。亚历山大大帝为他仍在不断扩张的帝国创造了一种共通的硬币,并以此在人民中间营造了一种社区意识。而1990年德国的统一最初也体现在货币上，随后才是政治领域。

欧元的理念正是基于这种跨境货币体系的传统。人们试图利用统一的货币政策来进一步巩固早在1992年就已经出现的内部市场。自1957年欧洲经济共同体（EEC）成立以来，欧盟——现在共有27个国家（注：英国已于2020年脱离欧盟）——已经从一个松散的国家联盟发展成了一个拥有共同经济利益，且政治和经济均密切相联的共同体。而创造统一的货币无疑是其中重要的一步。

来自西班牙、荷兰、比利时、法国和英国的ECU硬币。

从欧洲货币单元到欧元

全欧洲使用共同货币的想法早在1970年就出现在了所谓的"维尔纳计划"中,该计划以卢森堡前首相皮埃尔·维尔纳(Pierre Werner,1913年—2002年,1959年—1974年和1979年—1984年任职)的名字命名。但由于布雷顿森林体系的崩溃,到1980年实现货币联盟的计划最终还是失败了,取而代之的是欧洲货币体系(EMS),其于1979年确立,欧洲货币单位(ECU)正式成为货币单位。欧洲货币体系的作用在于限制各欧洲货币间的汇率波动,以ECU为基准确定其与各成员国货币间的汇率。为了允许其有小幅度的波动,而波动又保持在限制范围内,该体系设置了一定的区间。因此,各成员国货币的固定汇率只能在一定比例内浮动。然而事实证明这很困难,为了保证正常运作,这一区间被修改了整整17次。意大利甚至从一开始就允许±6%的偏差,尽管整套系统的设计值仅为±2.25%。然而,用这种方式来保护所有货币并维持汇率稳定(如购买以及出售外汇时),本身就是异想天开的。因此在1993年,这一区间被调整为±15%。

尽管存在这样的问题,但人们依旧保留着形成经济及货币共同体的想法。根据1988年的《德洛尔报告》——以当时的委员会主席雅克·德洛尔(Jacques Delors,1985年—1995年任职)的名字命名——这一计划将分为多个阶段实施。第一步是在1990年开放资本自由流动市场,第二步是于1994年成立欧洲货币局(EMI),这是于1998年成立的欧洲中央银行(ECB)的前身。此外,为这一共同货币找到一个合适的名称也是必须的,而正是寻找名称这一任务凸显了各国国家情绪在这一主题中的作用。新货币不应只是清算单位,其设计方式还应使每个国家都能接受,并将它作为本国文化的一部分。"欧洲法郎"的提议被驳回,因为在西班牙语中,"Franken"被译作佛朗哥,其与之前的独裁者弗朗西斯科·佛朗哥图片摘自比利时、丹麦、德国和希腊的财政部部长及外交部部长于1992年2月签署的《马斯特里赫特条约》(Vertrag Von Maastricht),该条约于1993年11月1日生效。

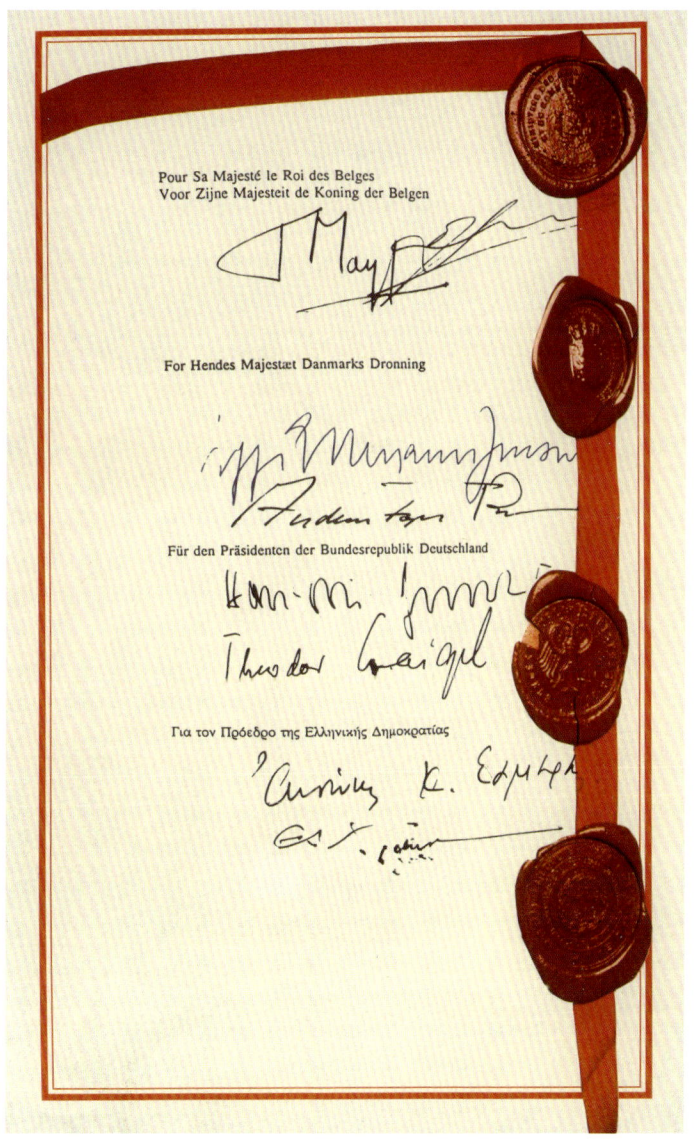

（1892年—1975年）的名字相同。"克朗"（Krone）以及"荷兰盾"（Gulden）也曾是备选方案。人们试图使用已有的货币名称，以让新货币给人以稳定持久的印象，从而建立信心。哪国货币可以完成这样的使命呢？这是一个没有答案的问题。最终德国代表团提出的尽可能使用中性的货币名称的提案被采纳：1995年，欧洲理事会宣布将未来的欧洲货币命名为"欧元"。

但在随后几年中，直到正式引入欧元，各式各样的问题层出不穷。只有少数参与国能够遵守1992年《马斯特里赫特条约》中确立的所谓的"欧盟趋同标准"（也就是"马斯特里赫特标准"）。除至少在2年内遵守汇率范围外，其中还包括通

货膨胀率不超过1.5%,国债不超过国内生产总值(GDP)的60%和预算赤字不超过国内生产总值的3%。这使得整个项目的难度进一步增加。尽管如此,欧元还是被成功引入,1999年成为结账货币,2002年以现金的形式流通。

为了使新旧货币之间的转换不会给民众带来过大的心理落差,各国发行的新欧分及欧元硬币的背面都有着各自不同的设计。按照最初的设想,流通至国外的硬币还需要退还给其发行国,但如今这些硬币在整个欧洲自由流通,这也表明了各国之间紧密依存的关系。相对的,统一的欧元纸币具有桥梁的象征含义。其背面所绘的桥梁虽然都是虚构的,但却意味着整个欧洲的共同成长。

事实证明,欧元是一种稳定的货币,它在很大程度上消除了那些抱怨失去本国货币的国家的疑虑。尤其是在德国,民众很难接受欧元。在引入新货币后,物价的上涨很快就给欧元带去了一个极具讽刺意味的名称"Teuro"(teuer和euro的组合,teuer在德语中是昂贵的意思)。人们普遍对失去作为国家象征的德国马克而感到惋惜。在2002年年中,仍有74%的德国人在金额超过100欧元时会习惯性地将其换算成德国马克。时至今日,许多德国人在民意调查中依旧表示会将欧元转换成德国马克。同样,在法国和西班牙,店铺在很长一段时间内会对商品进行双重标价,即欧元与法郎或比塞塔。

2002年1月1日,新的欧元正式投入使用。

到目前为止，已经有6个非欧盟国家选择将欧元作为官方货币，这充分反映了欧元的辐射效应。许多其他国家，包括丹麦和立陶宛在内的欧盟国家以及一些非欧盟国家，都将本国货币与欧元挂钩，即设定本国货币与欧元之间的固定或波动极小的汇率。今天，欧元在全球国际储备中的占比已超过25%。因此，在全球货币体系中还很"年轻"的欧元已毫无疑问地成为仅次于美元的第二大货币。

天堂里的危机

欧元成功的模式得以推广，但同时它也遭到了怀疑。英国从一开始就不认同共同货币体系，丹麦和瑞典在全民投票后也拒绝加入欧元区。当英国和丹麦已经确认退出时，瑞典却由于《马斯特里赫特条约》的约束，必须尽快加入欧元区，因此陷入了两难境地。只要满足趋同标准，它就必须加入。瑞典一直在避免这种情况，甚至拒绝采纳汇率机制以保证自己不满足这一标准。欧盟对此也容忍至今。

然而，对欧元持怀疑态度的远不止这三个国家。在德国，即使统一货币正式推出后，民众依旧没有对其表现出绝对的信任。而在2008年—2009年逐渐扩大为欧元危机的国债危机也佐证了这样的想法。这一事实也说明当统一货币出现问题时，其破坏力是毁灭性的。

欧元的背后不仅是共同货币的概念，更多的是统一经济区的想法。欧洲货币的历史可以追溯到发行欧元的2002年之前。早在1979年，欧元的前身——欧洲货币单位就已经存在了。它对于大多数欧洲人来说是一种纯粹的抽象货币，即将各国货币整合到一起。它在一些国家，如比利时，在交易中甚至以得到认可的特殊硬币的形式出现：1987年比利时发行了价值5ECU的硬币。

1992年签订的《马斯特里赫特条约》的背后是德国几十年来一直秉承的经济及货币政策理念：谨慎的财政政策、稳定的物价和少量债务。这些做法从今天的观点来看十分合理,但绝不符合某些欧洲国家在此之前实施的支持经济与就业的货币和财政政策。这些国家——主要来自地中海地区——多年来一直奉行扩张性的货币政策,并通过债务来保持经济列车向前飞驰。尽管有时会出现可怕的通货膨胀,但事实证明这是一个稳定的系统。但该制度之所以奏效,是因为它被社会接受,而较低的出口价格确保了各国能够应对国际竞争。

每一个签订《马斯特里赫特条约》的国家,现在都面临着巨大的转换问题。它们不得不放慢前进的脚步,保持货币紧缩,维持物价稳定,为支持自由竞争而取消国家垄断以及对某些扭曲的行业市场的补贴。这是一个痛苦的过程,这些国家

插图形象地展现了扶持财政较差的欧盟国家的欧元救助计划:来自西班牙的1欧元硬币躲在象征欧盟的"雨伞"下。

2012年雅典议会前的示威活动，旨在反对希腊政府政策以及严格的欧盟紧缩措施。

担心这会使它们失去长期竞争力,并带来更高的失业率。当然,各国政府还有最后的手段——国债(它比以往任何时候都更具吸引力),其能为它们提供一定的回旋余地。如果它们可以保持更加稳定的物价水平及汇率,便可以以更优惠的条件获得资金。尽管趋同标准也规定了国债的上限,但实际上只有少数几个国家遵守了这一标准。然而在2002年欧元正式启动之后,并没有国家被威胁退出欧元区,这一标准便失去了效力。

有些国家——首先是希腊——在2009年后曾经历国家破产的危机。为了保护它们并使整个欧元区免于崩溃,一套越来越全面的保护机制逐渐成型。从原则上讲,这与最初的计划相违背,该计划也就是大家共同解决某一国的经济失衡问题。而现在各国携手共进,随着应对措施越来越完善,大家坚持走下去的决心也越来越强。

如德国这样财政稳定的欧盟国家,对那些拿着欧元肆意妄为的希腊人、意大利人和西班牙人的不满情绪日益强烈。而对于例如在希腊出现的、针对整个欧盟尤其是德国的抗议活动,财政稳定的欧盟国家的人民也完全无法理解。来自"欧元救助计划"、国际货币基金组织以及欧洲中央银行的资金伴随着越来越严苛的条件,其中包括裁员、缩减公共服务以及增加税收。相关国家认为这是一种极大的不公正现象,尤其是那些为了参加经济及货币联盟而不得不做出最大改变的国家,它们现在只能模仿、推行欧元区的其他国家行之有效的改革方案。但它们还有别的选择吗?由于其经济受到重大打击,如果经济共同体停止资金援助,那么对于它们来说,只会是雪上加霜。

欧洲一体化最重要的基石——欧元,现在却成了可能导致其四分五裂的潜在威胁。欧元区国家之间以及它们与瑞典和丹麦等欧盟国家之间的分歧无处不在,并影响着各国的日常政治。与此同时,只有欧元区集团才会在峰会上讨论真正重要的议题——如何拯救欧元。

在社会层面上也存在分歧:两方阵营,即"帮助者"和"受害者",彼此怀疑地

位于美因河畔法兰克福的欧洲中央银行（ECB）总部。

看着对方。非主流媒体常常试图让人们产生一种印象,即帮助者才是真正的受害者,因为他们不得不将自己辛苦赚来的钱捐给像希腊这样的国家,而希腊通常被视为浪费和滥用援助的最佳例子。当然,也有许多欧盟公民声援受影响国家的百姓,因为他们才是真正受紧缩政策影响的人。

欧元危机有两条出路。一条是,欧元区各国恢复财政稳定,不再需要经济保护伞,当然这还有很长的路要走。另一条是,加强不同国家公民之间的内部凝聚力,从长远角度建立起一种社区意识,这可能是一个更长期的项目。而货币就是这种社区意识的表现形式。

¥ R

Mex$

€

DM

C$

TL

₽

未来的货币

未来模式——信用卡

一切的开端.商务赞

信用卡成为身份的象征

我的卡片,我支持的足球俱乐部

无界限的资金流

重归本原

在数字时代,资金的转移是通过人类完全无法理解的数据流进行的。

货币拥有十分复杂的属性。它不仅是一种可以用于支付的工具以及保存财富的媒介，更可以塑造国家文化，形成生活社区；当然，它也能够瓦解社会。货币的起源可以追溯到久远的过去。随着时间的推移，货币所发挥的社会以及宗教作用，当然还有经济作用，造就了它今天的样子。

货币的发展是已经走到了尽头，还是在未来依旧会有形式以及功能上的进一步转变？答案十分简单：货币仍旧会不断地变化和发展。这不是一个大胆的预测，因为一段崭新的变革已经全面展开。

未来模式——信用卡

今天，几乎没有人能够离开信用卡，它代表了货币使用方式的巨大转变。信用卡最初是纯粹的文学创作——19世纪的爱德华·贝拉米（Edward Bellamy，1850年—1898年）就在他的社会空想改良主义长篇小说《回顾：公元2000—1887年》中创造了一种可以预付款的信用卡。文中的信用卡是一张纸质卡片，每次付款时切掉一个角落。这是一种极具远见的文学理念，但是其在外观上与我们今天熟知的信用卡有所不同。

几乎在货币发展的每个阶段，价值转移的标志都是实物的递交。硬币从一人之手交到了另一人之手，汇票、礼品券或支票都是这样。即使在贝拉米的描述中，其表现形式也是纸片一角的不断易手。而这种传统的转移形式已被今天的信用卡彻底放弃。从文化历史的角度来看，这一概念的改变比信用卡实际技术的实现更具有划时代的意义。如今人们支付时不再需要提供实体货币，而是像信用卡广告中所说的那样"自己签名"即可。交易双方看不见实际的支付过程，它将在后台以一次性或分期的方式完成。随着技术的进步，整个过程的时间延迟也在不断缩短。

美国科幻作家爱德华·贝拉米。

一切的开端：商务餐

就在贝拉米提出这一设想的几年之后，第一批信用卡原型就出现在了现实生活中。自1894年起，美国的一些酒店开始向它们的常客发放卡片；自20世纪20年代起，许多连锁百货商场以及加油站也开始提供类似的服务。虽然用户已经可以通过自身信用住宿、购物和加油（从技术的角度而言，信用卡的功能已经得到了体现），但其实质仍只是客户卡或打折卡的变种。它只针对购买发卡公司产品的消费行为，企业的目标就是提升消费者的忠诚度。使用这类卡片可以提升用户体验，并满足其虚荣心。这类卡片通常只发放给富裕的顾客，这免除了其随身携带大量现金的负担。它只是消费时代开启的伴随产物。

现代通用信用卡诞生于1949年。当时美国商人弗兰克·麦克纳马拉（Frank McNamara）因为忘带钱包而无法在曼哈顿的一家餐馆支付自己的账单。这被称为"第一次晚餐"（The First Dinner）的事件，随着时间的推移而出现了各种不同的版本。有报道称麦克纳马拉留下了自己的名片，并承诺自己之后会回来付清欠款；另一种说法则是麦克纳马拉的妻子紧急赶到，为丈夫化解了这一尴尬处境。哪一个版本的故事是真实的，或者说"第一次晚餐"究竟有没有发生，其实都不重要。很明显，麦克纳马拉曾与一些商业伙伴讨论过是否应该创建一个简化常规商务餐的系统。最初成立的"晚餐俱乐部"的200名成员均为麦克纳马拉身边的朋友，他们同意与一些纽约餐馆签订信贷付款计划。根据该计划，俱乐部成员只需每月结算自己的账单。从此以后，这些成员在埋单时出示这张俱乐部卡片即可，这张卡片最初由纸板制成。

这个概念非常成功。在仅仅1年的时间里，就有4.2万名会员加入了该俱乐部。超过300家公司接受了这张俱乐部卡片，为持卡人提供信用服务，范围不再局限于餐馆。这张卡片所取得的成就是惊人的，仅仅10年就将其服务范围扩散到了各个领域，甚至可以为其会员提供特殊的旅游保险。1969年，随着苏联的加入，以及不久之后东欧各国的相继认可，这张俱乐部卡片又取得了一大突破。

信用卡在取得巨大成功的同时，也并未失去其专有性。它不仅是富人的卡片，也是旅行者的必备品。持有大来俱乐部卡（Diners-Club-Card）的人可以随意地从一个国家到另一个国家旅行，他们不必害怕自己会受到冷遇，因为他们随时随地都能完成支付。各地机场还特地为持卡人设置了休息室。人们对全球旅行的需求也体现在了具有竞争关系的各家的信用卡的命名和设计上，无论是可以追溯到19世纪的美国运通（American Expres），还是维萨信用卡（Visa）以及在瑞典发展起来的欧洲信用卡（Eurocard）。

未来的货币

this man is holding a new movie star

美国演员丹尼·凯(1913年—1987年)在1963年为"大来俱乐部"信用卡拍摄的广告。

信用卡成为身份的象征

当然,信用卡在早期是上流社会的身份象征。任何能够在餐厅或百货公司结账时出示信用卡的人,都在向其他人发出这样的信号:"我是一位受欢迎的顾客。我是一位成功人士。我已经走遍了世界。"

事实上,信用卡上标有持卡人的姓名,并在支付完成后继续由持卡人保管。这些特点恢复了我们久违了的前现代时期货币的功能:信用卡本身并不是使用它所产生的资金流,而是一个"令牌",代表着其主人的社会地位。除支付功能之外,它更像是中世纪被当作宝藏珍藏的硬币——由所有者保留,并反映其社会地位。

近几十年来,随着信用卡使用范围的扩大,"优质信誉"的经济力量不断被削弱。最初的信用卡没有设置额度,因为当时的使用者们并不会将它用在生活的方方面面,但现在这样的信用卡已经被彻底取代。现在的信用卡,其额度受到越来越严格的限制,因为用户总是做出超出其自身经济能力的消费行为。

现在几乎每个人都拥有一张信用卡。如今它的功能更像是:表面上使拥有者的财富变得模糊不清。信用卡的背后是有着巨额的银行资产,还是使用者的可用额度已经到了尽头?对于收银员来说,他们并不清楚。无论如何,这种平等适用于所有使用信用卡的人。但也有一部分人由于缺乏信用而无法申办信用卡,最终不得不走进所谓的"现金贫民窟"(Cash Ghetto)。这是近代货币史上的悖论之一。

信用卡实际上只象征着拥有货币或是贷款的访问权,而货币本身——无论是硬币还是纸币——才是有效性以及支付能力最可靠的标志。然而,那些试图用现金而不是银行卡和信用卡购买电视或汽车的人反而会引起别人的怀疑。大笔现金会引起人们对其来源的猜测。一百年前,一大笔钱绝对是成功和财富的显著标志,现如今却成了罪犯的象征。

然而,"现金贫民窟"正在迅速消失。在竞争压力下,信用卡的发行机构对客户的信用评估变得越来越宽松。因此,信用卡正在侵蚀社会的每一个角落。

有趣的是,这种"民主化"过程与维护自己社会地位的倾向背道而驰。那些将信用卡视作自己身份象征的客户正急切地寻找着使自己与其他用户不同的方法。其结果就是卡片的差异化增大,这一现象始于20世纪90年代。各类银卡、金卡,还有后来的白金卡以及其他名称的高级卡出现在我们的生活中。它们将收取更高的佣金,并承诺提供更好的特殊服务,但最重要的是:维护用户的地位和专有权。因此,如果你出示的是一张高级卡,就可以确保个人身份得到他人的认可。信用卡再次起到了"身份玉牌"的作用。

我的卡片,我支持的足球俱乐部

所有用户都将信用卡视作维护自己身份的工具,但近年来"个人"用户在选择信用卡时越来越有其个人特色。

汉莎航空的旅程金卡专供常年出差的商务人士使用。

所谓的联合品牌卡就是公司、组织或雇主试图加强自己与客户之间的联系，提高客户忠诚度的一种手段。一家航空公司将其里程奖励计划与带有公司标志的信用卡绑定，这就很好地建立起了与客户的联系。这一概念不仅仅针对高收入人群，普通雇主在员工达成某一目标后向其提供印有企业标志的信用卡也有利于提高员工的忠诚度。与此同时，联合品牌的想法也正在被颠覆：不再是提供信用卡的一方占据主动，而是有更多"联合品牌卡片"可供选择的客户占据了上风。卡片的选择常常体现了其拥有者的社会关系及个人身份。这就很好地解释了为什么印有体育俱乐部标志，尤其是足球俱乐部标志的卡片极受欢迎。许多银行的热门储蓄卡、信用卡也都能够激发客户的个人兴趣。现代社会的一大趋势就是个性化，而信用卡就是金融系统对这一诉求的具体回应。

无界限的资金流

一个数据充分说明了如今无实体货币和支付流程的现状：全世界所有付款方式中只有5%仍是由纸币或硬币完成的。许多大宗交易都是通过信用卡或者银行转账完成的。付款授权书和转账单据都具有原先汇票的特征，而交易可以在自动取款机、拥有网络连接的个人电脑或智能手机上完成。现阶段主流的支付手段就是这些。

而剩下的5%的占比也在不断被蚕食。虽然收银台与自动取款机针对小金额的付款仍旧以现金优先，但越来越多的数字化解决方案正在改变这一切：停车费通过手机支付，网络订单则由相应的应用程序处理。在很多情况下，人们不再使用现金支付，甚至不需要出示信用卡，一切都由后台数据完成。你需要做的就是在付款时确认虚拟PIN码。

一个孩子可以在家里发起全球范围的交易。虽然这有些奇怪，但人们也不禁要感叹技术的进步。与此同时，这也值得我们深思。在交易过程中讨价还价，为自己争取最大利益原本是最基本的体验，但在数字货币的世界里，人们渐渐失去了这样的体验机会。在使用信用卡或者支付密钥时，你甚至根本不清楚具体的支付金额或是自己会产生多少债务。不幸的是，通过简单的鼠标点击完成全球性的交易（尤其是在线游戏平台上的交易）已经使越来越多的人失去了对自己财务状

如今人们几乎可以在任何地方使用信用卡支付。位于伊斯坦布尔的一个普通市场摊位,甚至都设有明确可以用信用卡支付的标志牌。

况的掌控,并因此陷入债务危机。

数字货币不仅不存在实体,也没有使用范围。现金的使用不会给我们带来疑惑,因为我们很清楚它从哪里来,属于什么币种,然而数字货币却带来了我们无法完全理解的支付选择。我们是否仍能确切地说出,自己在电脑上购买的产品是以欧元、美元还是以另外的第三种货币结算的吗?而这种随意性向我们抛出了一个全新的问题:网络空间为什么还要和国家货币以及中央银行绑定?问题的答案就是使用纯粹的网络货币作为电子并行货币,例如2009年出现的"比特币"。但高达20%的汇率大幅波动使得数字货币具有高度的投机性和不确定性,这也使这个全新的概念直到今天还未获得普通大众的认可。

一个两岁的小孩出现在现代交易现场。

| 全球货币进化史

重归本原

不考虑科技与社会的发展，我们会惊讶地发现，如今的无实体货币与苏美尔时期最古老的货币相似。货币在那时也不是以硬币的形式存在，而只是一种人与人之间"看不见"的结算单位。如果没有神殿，那么苏美尔人的货币体系将不复存在。神灵们的代理人——祭司们就是那"无形的第三只手"，他们本着公平分配的原则，监管着百姓在交易中履行各自的义务。即使在今天，各种支出与收入仍要在后台相互抵销。所有数字资金流动结束时，我们甚至没有可见的资金，而银行对账单中只有或正或负的数字。但今天谁才是那独立的第三方？银行还是信贷

虚拟货币——比特币的声誉并不好，它涉嫌互联网中的非法交易。

未来的货币 |

机构?

　　苏美尔神庙中的每一件发明在历经千年之后又回归其本原。只是作为金钱守护者的祭司与神殿已经消失在了历史的长河中,回归的只有标志化的货币。它甚至不需要实体外观,却仍是万物的评价标准。

| 全球货币进化史

时 间 轴

 到公元前6000年

公元前9000年：牛和小麦第一次成为货物交换的基本单位。

公元前4000年：在古巴比伦，神殿成为农民存储货物和进行交换的场所，这便是历史上首次出现的"银行服务"。

公园前3000年：苏美尔人将黄金作为结算单位。

公元前2000年：古巴比伦人将白银作为定价基准。

公元前18世纪：汉谟拉比国王在古巴比伦引入银行法。

公元前13世纪：贝壳在印度–太平洋地区成为交换媒介。

公元前10世纪：中国人使用铜或银来制作贝币，同时"刀币"也在国内流通。

公元前7世纪：吕底亚人首次制造货币。

公元前6世纪：吕底亚硬币在希腊地区流通。部分希腊城邦开始压印银锭。

▼ 公元前594年至耶稣诞生

公元前594年：希腊地区在梭伦改革后确立基本币制。

公元前550年：国王克洛索斯成为财富的象征，他下令打造首批纯金币和银币。

公元前546年：庇西特拉图开始打造属于雅典人的"猫头鹰银币"。

公元前500年：越来越多的城邦开始铸造硬币。

公元前405年：劣质铜币对雅典银币造成了巨大冲击。阿里斯托芬在他的喜剧作品《蛙》中对这一历史进行了艺术加工。

公元前343年：第一座中央造币厂在罗马建成。

公元前336年—前323年：亚历山大大帝统一了境内货币，并将硬币作为宣传文明的手段。

公元前211年：第纳尔问世，第一枚"世界货币"诞生。

▼ 耶稣诞生至400年

30年左右：耶稣将商人赶出耶路撒冷的圣殿。

54年—68年：尼禄皇帝降低银币含银量，一段长时间的货币贬值和通货膨胀时期就此开始。

270年：罗马银币的含银量降至4%。

301年：戴克里先皇帝试图通过货币改革以及固定商品的最高价格来控制通货膨胀，但并未成功。

375年后：民族大迁徙开始。货币继续贬值，社会退回至自然经济状态。

 400年—1400年

5世纪—8世纪：货币体系在拜占庭帝国、伊斯兰地区以及墨洛温王朝发展起来，但多数并不具备其在古罗马时期推动经济发展的作用。

自751年起：法兰克国王丕平三世确立了皇室铸币权。他的儿子，日后的查理大帝，在全帝国范围内发行流通银币第纳尔。

990年—1015年：英格兰不断向维京人支付保护费，约93吨重的银币从英格兰流向丹麦。

1095年—1270年：随十字军东征产生的银行以及商贸站管理着欧洲与圣地之间的商贸往来。

自1230年起：银行业在意大利迅速发展。除弗洛林币外，墨西拿、佛罗伦萨以及热那亚都发行了自己的金币，并在全欧洲得到认可。

12世纪起：波罗的海沿岸的商人开始合作。14世纪至16世纪是汉萨同盟的黄金时代。

1337年—1453年:百年战争摧毁了英格兰与法国的国家财政。

1400年—1700年

自1422年起:法国国王查理七世将财政大权交给了银行家雅克·科尔,后者虽重组了法国的财政体系,但最终失宠,并被定罪。

15世纪—16世纪:北意大利银行业迅猛发展。美第奇家族建立了自己在政治和教会方面的影响力。

自16世纪起:大量白银从西班牙的南美殖民地运至欧洲。尽管如此,西班牙政府仍在1557年—1596年历经三次破产。

1634年—1637年:郁金香狂热给荷兰带去了投机泡沫危机。

1651年—1661年:"太阳王"路易十四任命尼古拉斯·富凯为财务大臣,并剥夺了税收收益承租人的权利。

1661年—1683年:让·巴普蒂斯特·柯尔倍尔稳定了法国财政,并建立了以制造业为基础,并凸显重商主义的对外贸易。

1694年:英格兰银行建立。

1700年—1800年

自1716年起:约翰·劳在法国成立了一家私人银行(日后中央银行的前身),并使法国王室走出了债务危机。但"密西西比公司"却在1720年让他的毕生心血毁于一旦。

245

自1750年起：工业革命在英国兴起。

自1773年起：玛丽亚·特蕾莎塔勒首次发行，并逐渐成为欧洲的主要货币。

1782年：托马斯·杰斐逊建议形成美国自己的货币体系，并提名"Dollar"。

1787年：美国发行了第一枚自己的硬币——"福吉欧币"。

1789年：法国大革命时期，指券作为货币的替代品被引入。但其价值日益降低，最终被淘汰。

1791年—1811年：美国第一银行的建立保证了统一货币体系的基础，虽然其授权有限期仅为20年。

1792年：随着《铸币法案》的通过，美元成为美国的主要货币。

1794年：造币厂在费城建立。

1800年—1900年

1844年：英国确立金本位制，英镑成为国际货币。

1848年—1857年：美国西部的淘金热为本国货币铸造提供了资源基础。长时间来占据主导地位的西班牙币于1857年才被官方正式撤销。

1857年：随着货币联盟的建立，德国境内各公国之间的联系变得更加紧密。在此之前，北方多用塔勒，而南部则多用荷兰盾。

1862年：美国第一次印刷发行"绿背纸币"。

1865年—1926年：法国、意大利、比利时、瑞士以及希腊（稍晚一些）之间形成了拉丁货币联盟。

1868年：明治政府在日本引入了全新的贸易及货币体系，打开国门成为可能。

1873年：随着德意志帝国的建立，马克成为统一货币。

1873年—1878年：全球经济危机。

1873年—1924年：丹麦、挪威和瑞典形成斯堪的纳维亚货币联盟，并引入"克朗"。

1875年：德意志帝国银行建立。

1882年：日本银行建立。

1900年至今

1913年：美国政府成立美联储，履行中央银行职责。

1922年—1923年：德国爆发恶性通货膨胀，最终通过发行地产抵押马克得以稳定。

1929年—1930年：美国股灾带来了全球性经济大萧条。

1931年：英国放弃英镑金本位制。

1933年：美国总统罗斯福推行"新政"，重建民众对银行以及货币的信心。

1944年—1973年：布雷顿森林体系确定了各国货币与美元保持的固定汇率。美元正式得到全世界认可。

1946年：英格兰银行成为英国的中央银行。

1948年：第二次世界大战后，西方占领区引入德国马克，使得德国货币体系重获稳定。不久之后，苏占区也开始了货币改革。

1950年：大来俱乐部推出了第一张信用卡。

1957年：德意志联邦银行成立。

1971年：美国总统尼克松宣布放弃金本位，带来的"尼克松冲击"使美元大幅贬值。

1979年：欧洲货币体系建立。

1990年：两德货币联盟成立。

1993年：货币危机过后，欧洲重组其汇率机制。

1999年：欧盟各国引入欧元，但只作为结算单位。

2002年：欧元纸币及硬币正式发行流通。

参考文献

Christina von Braun: Der Preis des Geldes. Eine Kulturgeschichte. Aufbau Verlag, Berlin 2012.

Niall Ferguson: Der Aufstieg des GeldesDie Währung der Geschichte. List Verlag, Berlin 2010.

Selma Gebhardt: Von der Kaurimuschel zuKreditkarte. Geldentwicklung im Zivilisationsprozeß. Rosenholz Verlag, Kiel / Berlin 1998.

Felix Martin: Geld. Die wahre GeschichteÜber den blinden Fleck des KapitalismusDeutsche Verlags-Anstalt, München 2014.

Michael North: Das Geld und seine Geschichte. Vom Mittelalter bis zur GegenwartC.H. Beck Verlag, München 1994.

Michael North: Von Aktie bis Zoll. Eihistorisches Lexikon des Geldes. C.H. BecVerlag, München 1999.

Dieter Schnaas: Kleine Kulturgeschichte des Geldes. Wilhelm Fink Verlag, Münche2010Georg Simmel: Philosophie des GeldesDuncker & Humblot, Berlin 1900.

Jack Weatherford: Eine kurze Geschichtdes Geldes und der Währungen. Oesch Verlag, Zürich 1999.

Wolfram Weimer: Geschichte des GeldesEine Chronik mit Texten und Bildern. InselVerlag, Frankfurt am Main / Leipzig 1994.

Stephen Zarlenga: Der Mythos vom GeldDie Geschichte der Macht. Conzett VerlagZürich 1999.